AVERTISSEMENT

DU SECOND VOLUME

Un certain nombre des lecteurs de ces Fabliaux ont bien voulu exprimer le regret que les indications de manuscrits et d'éditions, le relevé des variantes et les renvois sommaires aux contes analogues, antérieurs ou postérieurs, dussent être renvoyés à la fin du Recueil. J'avais pris ce parti, parce que des variantes sont un peu comme une table, plus faciles à consulter et à mettre en face du texte quand elles sont réunies en un seul endroit et qu'elles se trouvent dans un volume différent; mais, comme le parti de les publier à mesure a l'avantage de les donner plus tôt et de mettre tout de suite le lecteur à même de juger, en pleine connaissance de cause, du soin avec lequel les manuscrits sont collationnés et des corrections qu'on a pu être forcé d'y faire, j'ai d'autant plus déféré à ce désir que des rapports de cette nature, entre l'éditeur et ceux qui s'intéressent à son travail, ne peuvent que profiter à l'œuvre, pour laquelle ils sont d'ailleurs un précieux encouragement. On désire avoir les variantes en même temps que les textes, et cela a ses avantages; on trouvera, à la fin de ce second volume, celles qui s'y réfèrent et naturellement aussi celles qui se rapportent au premier volume. C'est même ce qui a augmenté le retard de la publication de celui-ci.

C'était mon ami M. Pierre Jannet, pour lequel j'avais depuis longtemps commencé le travail de cette publication, qui se trouvait avoir entre les mains toutes les collations déjà faites par moi, et elles se rapportaient à la plus grande partie des fabliaux compris dans les quatre volumes de Méon. Après sa mort, arrivée au milieu du siége, sa maison, à cause de la proximité des fortifications, — il demeurait à Montrouge, boulevard Jourdan, — fut employée comme poste et comme ambulance. On pense bien que les copies, non employées ou employées, et que les épreuves de la partie déjà imprimée, sur lesquelles se trouvaient précisément ces variantes qui n'étaient plus qu'à transcrire, ne se sont pas retrouvées. Ceux qui ont eu à recommencer de toutes pièces un travail déjà fait savent combien cela est dur : travailler pour faire est un plaisir, travailler pour refaire a toujours quelque chose d'irri-

RECUEIL GÉNÉRAL
ET COMPLET
DES
FABLIAUX
DES XIIIe ET XIVe SIÈCLES

IMPRIMÉS OU INÉDITS

Publiés avec Notes et Variantes d'après les Manuscrits

PAR MM.

ANATOLE DE MONTAIGLON

ET

GASTON RAYNAUD

TOME SECOND

PARIS
LIBRAIRIE DES BIBLIOPHILES
Rue Saint-Honoré, 338

M DCCC LXXVII

RECUEIL

DES FABLIAUX

tant et de pénible, et je sais plus d'une œuvre, terminée ou très-avancée, qui, perdue dans des conditions semblables, a été abandonnée et ne sera jamais reprise.

Mon ami M. Léopold Pannier se mit alors à ma disposition avec une bonne grâce que je ne saurais oublier. Pendant que je m'occupais de fabliaux auxquels je n'avais pas encore touché, il entreprit la collation de ceux dont j'avais perdu la copie, et je lui dois le premier travail d'un certain nombre des fabliaux de ce second volume, dont malheureusement il n'a pas vu la fin. Je comptais partager avec lui la charge de l'œuvre entière, mais sa collaboration, interrompue subitement par sa mort, n'a été que partielle et passagère. Je ne devais pas moins la signaler, pour ne pas être ingrat envers la mémoire d'un homme aussi intelligent, aussi dévoué à l'histoire de l'ancienne littérature de notre pays, et dont la perte est d'autant plus regrettable que sa jeunesse et son ardeur permettaient de compter sur lui et d'en beaucoup espérer.

C'est à la suite de cette mort qu'un jeune ami commun, M. Gaston Raynaud, sorti, comme M. Pannier et comme moi-même, de l'École des Chartes, — heureusement pour lui depuis moins longtemps, — a bien voulu s'offrir pour m'aider à mener à fin le recueil des Fabliaux.

*Sa compétence, déjà bien connue dans le monde de l'érudition française, le sera bientôt dans le public par l'édition de la Chanson d'*AIOL *qu'il imprime pour la Société des anciens textes, par celle de la relation en vers de René Macé sur le Voyage de Charles-Quint en France, et par d'autres travaux qu'il prépare. Pour le commencement de sa collaboration, il s'est trouvé avoir la part la plus lourde, car c'est lui qui, en reprenant le travail comme s'il s'agissait d'une édition dont l'auteur aurait disparu, a dû, par suite de la perte des copies et des épreuves, collationner à nouveau les manuscrits et rétablir les variantes. Nous n'avons travaillé ensemble qu'à partir de la moitié du second volume; il n'est que juste de mettre dès à présent son nom à côté du mien pour annoncer aux lecteurs de ce Recueil sa participation complète à la suite de l'œuvre, qui nous est maintenant commune.*

ANATOLE DE MONTAIGLON.

FABLIAUX

XXX

C'HEST
DE LA HOUCE.

Man. de Turin ; Fr. 36, f. 585 v⁰, 1ʳᵉ col.,
à 586 v⁰, 1ʳᵉ col.

Un essanple vous voel retraire,
Où jou ne quier mençoigne atraire
Quant il n'est du mentir mestier.
Il avint jadis à Poitiers,
Ensi com il me fu conté,
C'uns hom manoit en la cité,
Rices d'avoir et connissans.
Si amoit moult les siens enfans ;
Un fil ot, que mout tenoit cier.
Bien vous puis dire et aficier
C'onques nus hom en creature
Ne mist si très grant nourreture

Com li pères en li faisoit ;
A son pooir bien li faisoit,
N'onques un jour ne s'en recrut.
Li varlès amenda et crut
Tant que marïer le convint.
Au preudhomme si en avint
Que pour lui metre ricement
Li donna mueble et tenement ;
A son pooir tout en lui mist
Et de quanqu'il eut se demist :
De toutes choses à son ues
N'en retint qui vausist .II. oes.
 Li varlès mainnage maintint
Tant que sa femme .I. fil retint,
Qui mout fu puis de grant savoir.
Longement, [je l'vous] fas savoir,
Mena li prodom bone vie,
Tant que sa femme en eut envie
Du prodomme qui tant haï ;
S'a dit à son baron : « Haï,
Con vous pensés de bien avoir.
Se vous aviiés plus d'avoir
Que n'avés, foi que doi Saint Pierre ;
Cel gasteroit tout vostre pierre ;
Bellement son mengier [d]esert ;
Nus ne menjue s'il n'en desert,
Fors plus seulement que d'estre ivre,
Ne jà jor n'en sera delivre.
Je vous di bien qu'il n'i a el,
U me vuidera cest ostel ;

Fiancer le puis de ma main,
Ou il ora congiet demain. »
Ensi sa femme li a dit,
Et li varlès sans contredit
Ce dit qu'il fera son voloir,
Cis qui du tout en noncaloir
Pour sa femme a son père mis,
Qui pour lui s'iert du tout demis.
  Au main li coumencha à dire
Chose qu'il déust escondire :
« Biaus pères, vous aves esté
O moi maint iver, maint esté ;
Onques ne vous entremesistes
De riens nule qui eust merites
Painne sans plus, fors que d'estre ivre.
Vous n'avés plus mestier de vivre ;
Celés vous ent en un renclus,
Et sachiés que jou ne vel plus
Que vous soiés en ma maison,
Car en vous n'a sens ne raison. »
Quant li prodom l'a entendu,
Mout fu dolans et confondu,
Plains de grant maltalent et d'ire,
Car il ne puet un seul mot dire.
Longement ala demourant ;
Après se li dist en plourant :
« Biaus fieus », dist-il, « je te nourri
Et saciés c'onques jour mari
Ne vous fis pour que je péusse
Et sachiés que je vous péusse

D'or et d'argent puis qu'il vous fust
D'autrui que de moi gréust.
Quant tu ensi m'en veus cacier
Je ne me sai ù pourquachier.
Au jor que pour toi me démis
Perdi l'avoir et mes amis;
Mais prier t'en vuel d'une cose
Pour chou que nus hom ne t'en cose :
Je suis molt debrisiés et vius
Et, cant cacier m'en vius
De ton ostel et m'en eslonges,
Je pri c'une robe me donnes,
Et si n'ai cauces ne soulers;
Trop seroit mauvais li allers. »
Cis respont : « De chou ne m'en caut,
Encore avés vous trop de caut.
Ce poise moi que tant vivés.
Jamais par moi nul bien n'arés;
Ne paierai mais vostre escot.
— Biaus fius, donne moi un surcot
Que tu as de tes viés roubes
Ou une de tes viés houces,
Dont tu fais tes chevax couvrir.
Après me fais ton huis ouvrir;
J'irai à Diu, quant il te plaist,
Que plus oïant de moi te laist.
— Hé! » fait-il, « n'en puis escondire.
Alés laiens à mon fil dire
Qu'il vous doinst une houce viés;
Si en cuuevre et teste et piés. »

Li Prodom tout errant s'en tourne ;
A son neveu vint, qui atourne
Les chevaus et fait atourner.
Cis, qui plus ne pot sejourner,
A son neveu dist et recorde
De son père la grant discorde :
« Mais toutes voies tant me donne
C'une viés housche m'abandonne ;
Biaus niés, par moi vous prie et mande
Et sachiés qui le vous commande
Que la plus grande me bailliés ;
Or gardés que vous n'i failliés. »
Quant li enfes l'a entendu,
Mout fu dolans et esperdu,
Plains de grant mautalent et d'ire :
« Or, alés à mon père dire
Que pau i avés esploitié ;
Vous n'en arés que la moitié
De la houce, si vous le di ;
Toute l'autre vous contredi. »
 Li prodom l'ot, si eut grant duel,
Qui maintenant morir s'en vuel.
Tout errant arrière s'en vient :
« Biaus fieus », dist-il, « il te convient,
Pour ta parole faire estable,
C'avec moi vignes en l'estable,
Car tes fieus le me contredist,
Et si s'afice bien et dist
Que n'en arai que la moitie,
Je ne sai pour quel convontie,

Et, quant ensi cacier m'en vius,
Fai le me avoir tout, se tu vius. »
Cis, qui la remanance doute,
Li respondi : « Vous l'arés toute,
Quel talent que li gars en ait. »
A son fil dist : « Il ne te plaist,
Quant n'as mon commandement fait ? »
Cis respont : « De riens n'ai méfait,
Ains ai mout grant raison et droit.
Et si vous dirai orendroit
Pour coi je ne li voel baillier
La houce, ains li voel retaillier.
Savés pourquoi je l'ai partie
Et vous oste l'autre partie,
Que vous, se je puis, userés.
Quant de son éage serés,
Jà de moi ne vous mentirai ;
Tout aussi vous revestirai
Com vous or faites vostre père,
Qui trop acate et trop conpère
La painne qu'il a en vous mise ;
Vés qu'il n'a cote ne chemise.
Or vait trop malement l'escote ;
Je vous ferai d'autel drap cote. »

 Quant li varlès oit et entend
Son fil, qui à raison entend,
Mout durement s'en esmervelle
Et trop li vient à grant mervele.
« Biaus fius », dist-il, « j'ai trop mespris.
Si m'aït Dieus, molt as apris

De chou c'as dit ; molt t'en merchi.
Or li pri jou, pour Dieu merchi,
Que cest grant méfait me pardoinst
Et sa benéichon me doinst. »
Li prodom trestout li pardonne,
Et li varlès errant li donne
Du tenement et du quatel
La signourie del ostel,
Dont fist li prodom son voloir,
Qui forment se péust doloir,
Ne fust chou que li enfes dist,
Que la houce li contredist.
　Par chou vous fais aperchevoir
Que cis n'est pas plains de savoir
Mais de folie s'entremet
Qui tout le sien à son fil met,
Que nus ne fera'jà son bon.
Si de l'autrui comme du son
L'autrui chose estoit com demant,
Du vostre vo commandement
Ferés, sans mesure et sans conte.
Ensi définerai mon conte.

XXXI

DU PRESTRE ET D'ALISON

PAR GUILLAUME LE NORMAND.

Bibl. nat., F. fr., Man. n° 19,152, fol. 49 v° à 51 r°.

Il sont mais tant de Menestrex
Que ne sai à dire desquels
Ge sui, par le cors S. Huitace ;
Guillaume, qui sovent s'élasse
En rimer et en fabloier,
En a .I. fait, qui molt est chier,
De la fille à une Borgoise,
Qui meint en la riviere d'Oise ;
Si avoit non Dame Mahaus.
Maintes foiz avoit vendu auz
A sa fenestre et oignons,
Et chapeax bien ouvrez de jons
Qui n'estoient pas de marès.
Sa fille avoit à non Marès,
Une puce[le] qui ert bele ;
Un jor portoit en ses braz belle
Et creson cuilli en fontaine ;
Moilliée en fu de ci en l'aine
Parmi la chemise de ling.
El ne fu mie de halt ling ;

N'estoit fille à Baron n'à Dame;
Ne vos en quier mentir, par m'ame,
Fille estoit à une Borgoise,
Ainz nule n'en vi plus cortoise,
Certes, ne de meillor manière.
De marchéandise ert manière,
De comin, de poivre et de cire;
Mais li Chapelains de S. Cire
Va en la maison molt sovent
Por le gingembre c'on i vent,
Por citoal et por espice,
Por quenele et por recolice,
Por l'erbe qui vient d'Alixandre.
Li Prestres ot non Alixandre;
Si fut riches hom à merveille,
Mais por Marion sovent veille
C'on li vit le sercot porter,
Dont ala son cors deporter,
Au mains por le serain du tans.
Ne quida pas venir à tens
En la maison où cele maint;
Certes n'a cure c'on li maint,
Quar molt bien i asenera;
Jamais A, B, C ne dira,
S'il puet, si l'aura convertie.
Jà s'ame à Dieu ne soit vertie
S'il n'en fait son pooir sanz faille.
A tant affubla une faille
Por le chaut qu'i fait en esté.
Il avoit autre foiz esté

A la maison à la Vileine
Qui ne vendoit lange ne leine;
Molt se garissoit belement,
Et li Chapelains arroment
Avoit la Dame saluée,
Et el s'estoit en piéz levée;
S'a dit : « Sire, bien viegnoiz vos;
Vos demorroiz ci avuec nos
A disner, et ferons grant joie,
Quar véz ci au feu la grasse oie, »
Fait ele, qui nul mal n'i tent.
Li Chapelains sa chière tent
Vers la pucele qu'il esgarde :
Li Chapelains estoit néz d'Arde
Entre S. Omer et Calais.
A tant s'est asis sor .I. ais,
Molt pensis et pas ne fu yvres,
Et dit qu'ainçois donra .X. livres
Qu'il de la pucele ne face
Sa volenté et face à face,
Qui tant ert bele et avenanz
Et n'ot mie passez .XII. ans.
Cele, qui si ert ensaignie,
Gorge blanche, soef norrie,
Molt estoit bele, simple et saige.
A tant fet on mètre les tables
A la maison à la Borgoise;
Onques n'i ot mengié vendoise
Ne poisson, à l'eure de lors,
Fors malarz, faisanz et butors

Dont li ostex fu aésiez ;
Et li Chapelains qui fu liez
Et regarde la pucelete,
Cui primes point la mamelete
Enmi le piz com une pomme.
Les tables ostent en la somme ;
S'ont fait des mengiers lor talenz.
    Li Chapelains son cuer dedenz
Ot enbrasé par grant amor ;
La Dame apele par dolçor,
Qui avoit non Dame Mahaus :
« Dame, » fait-il, « oïez mes max.
Molt ai esté lonc tens en ire,
Or en vueil mon coraige dire,
Certes plus ne m'en puis tenir ;
Dès ore m'estuet descovrir.
Marion, vo fille, la bele,
M'a si le cuer soz la mamele
Derrompu et trait fors du cors,
Dame, auroit-il mestiers tresors,
Que je, mais qu'il ne vos ennuit,
S'éusse vo fille une nuit ;
J'ai meint bon denier monnaé. »
Et la Dame respont : « Sire, hé !
Quidiez-vos donc por vostre avoir
Issi donques ma fille avoir,
Que j'ai touz jors soef norrie ?
Certes ne pris pas un alie
Toz voz deniers ne vo trésor.
Par les Sainz c'on quiert à Gisor,

Ge n'ai cure de vostre avoir,
Bien le sachiez à mon savoir ;
Gitez en autre liu voz meins.
— Ma Dame, » fait li Chapelains,
« Por Dieu, aiez de moi merci ;
J'aporterai les deniers ci ;
S'en prenez à vostre talent. »
Et Dame Mahauz, qui fu lent
Qu'ele ait l'avoir des escrins,
Sa fille, qui a blons les crins,
Li promet à faire ses bons,
Et si vos di que Rois ne Quens
La péust avoir à son lit
Pour faire de lui son délit,
Quar de grant beauté plaine fu.
Li Prestres se rassiet au fu
Entre lui et Dame Mahauz
Qui mai[n]te foiz ot vendu auz
Et achaté poivre et comin.
Pris a congié, prent son chemin
Li Chapeleins à sa maison.
 Onques mais ne fu guiléz hon
Que li Prestres fu conchiez.
Toz fu li bainz apareillez
Que la Dame fist aprester ;
Dame Diex en prist à jurer,
Et enprès le cors S. Huitasse,
Le Prestre prenra à la nasse
Ausin com l'en prent le poisson.
Lors fait mander Aélison

Une meschinete de vie,
Qui de cors fut bien eschevie,
A tot le monde communaus.
Oïez que dist Dame Mahauz.
 Quant ele vit la pecherriz,
Coiement en a fait un riz
Comme cele qui molt fu saige :
« Aelison, .I. mariaige
T'ai porchacié ; par S. Denise,
De ci à l'aive de Tamice
N'aura feme mielz mariée.
— Avez me vos por ce mandée ? »
Fait Alizon ; « c'est vilenie
De povre meschine de vie
Gaber, qui a petit d'avoir.
— Non faz, se Diex me doint savoir :
Amie, » ce dit Dame Mahaus ;
« Jà de moi ne te venra maus ;
Blanc peliçon te frai avoir
Et bone cote, à mon savoir,
De vert de Doai trainant.
Fai, si entre en cel bai[n]g corant ;
S'enprès te vendrai por pucele. »
Aalison fu molt isnele ;
S'est asise, si se despoille,
Devant la cuve s'agenoille
Conme cele qui molt fu lie.
Lors se deschauce et se deslie,
Et se plunge comme vendoise ;
Ez vos la fille à la Borgoise

Que li Prestres avoir quida
Forment son oirre apareilla
Li Chapelains en sa maison ;
Il a mandé un peliçon,
Qui valt .XL. sols de blans,
Que I marchéanz de Mielanz
Li vendi, qui maint à Provins ;
De la cote serai devins :
Nueve est, de brunète sanguine.
Maint chapon et mainte geline
Avoit fait à l'ostel porter,
La nuit se vorra deporter
S'emprès quant venra à la nuit.
Ne quidiez que il vos anuit
Li jors qui si enviz trespasse ?
Li Chapelains n'i fist esparse,
Ainz a .I. escrin deffermé,
Si com Guillaumes a fermé
En parchemin et en romanz ;
.XV. livres d'esterlins blans
Estoie[n]t en .I. cuiret cousuz.
Diex, com il sera déçéuz
Que por .I. denier de Senliz
Péust-il avoir ses deliz
De celui qu'avuec li gerra
S'emprés quant à l'ostel venra,
Ou près de tote la nuitiée.
De parisis une poigniée
A traist et mist en s'aumosnière
Por doner avant et arrière,

Dont il fera ses petiz dons.
Dame Mainaus dit .I. respons
A la pucele de l'ostel :
« Hercelot », fait ele, « entent el.
Va moi tost à maistre Alixandre,
Et si li di que ge li mande
Que ne face nule atendue. »
Hercelot tot son cuer remue
De la joie du mariaige :
« Dame, bien ferai le mesaige,
Si m'aïst Diex, à vostre gré. »
A tant s'en ist par un degré
De la maison, qui fu de pierre,
Et va jurant Diex et S. Pierre
Bon loier en vorra avoir.
« Sire, bon jor puissiez avoir
De par celui qui vos salue,
Qui est vostre amie et vo drue,
De par Marion au cors gent. »
Une fort corroie d'argent
Dona li Prestres Hercelot :
« Tien, amie ; si n'en di mot,
Encor auras autre loier.
— Mielz me lairoie detranchier, »
Fait Hercelos, « que g'en pallasse,
Ne que vostre amor enpirasse :
Par moi est toz li plaiz bastiz. »
Li Chapelains a fait .I. ris
Quant oï Hercelot paller ;
A son Clerc li a fait doner

.II. dras de lin frès et noveax.
Molt fu li dons Hercelot beax;
Si prist congié, à tant s'en torne,
 Li Chapelains à tant s'entorne;
A la nuit molt grant joie atent.
Ha! Diex, comme li viz li tent
Plus que roncin qui est en saut;
Il jure Diex que un assaut
Fera sempres à la pucele
Qui à merveille estoit bele,
Qui de grant beauté pleine fu.
Li Prestres molt eschaufez fu
De la fille Dame Meinaut;
Anvelopé en .I. bliaut
Avoit la cote et le pliçon ;
A tant s'en vait à la meson.
D'esterlins trossez quinze livres
Certes tost en sera delivres,
Se la Dame puet de l'ostel.
A tant entre enz, et ne fait el
Conme cil qui grant feste atent.
La Dame par la mein le prent,
Puis l'assiet lèz lui el foier.
La Dame fist apareillier,
Qui molt fu grant com à tel joie,
.II. chapons et une grasse oie;
Si ot et malars et plunjons,
Et blanc vin, qui fu de Soissons;
Si en burent à grans plentés,
Et gastieax rastiz buletéz

Si mengèrent à grant foison.
Après menger dit .I. sarmon
Dame Meinaus, qui a parlé :
« Avez-vos l'avoir aporté
Que vos devez doner ma fille ?
— Dame, ne sui pas ci por guile ;
J'ai les garnemenz aportez.
Véez les ci, or esgardez,
Quar il sont et bel et plaisant ;
Vos me tenroiz à voir disant
Ainz que parte de vo maison ;
Foi que ge doi à seint Simon,
Ge n'aimai onques à trichier. »
Lors rue sur un eschequier
.XV. livres d'esterlins blans ;
Li gorles fu riches et granz,
Et li avoir fu dedenz mis.
« Hercelot, maintenant as lis, »
Fait Dame Meinauz ; « alumez ;
En cele chambre vos metez ;
Faites beax liz com à un Roi. »
Herceloz qui prent grant conroi
De servir le Prestre à son gré,
El avoit monté .I. degré,
Qui de la chose avoit en soig ;
Aelison prist par le poig
D'un coiement liu où estoit ;
La table devant lui estoit,
Et li boivres et li mengiers :
« Aélis, tost apareilliez ;

S'irois couchier o l'ordené.
Il vos apenra l'A, B, C,
Sempres et *Credo in Deum;*
Ne faites noise ne tençon,
Quant vos vorra despuceler.
— Suer, ge ne le puis andurer,
Quar je n'ai mie ce apris.
Tenez, ma foi ge vos plevis
Onques mes cors ne jut à home;
Ainsi sui pucele com Rome,
C'onques pelerins n'i entra,
Ne mastins par nuit n'abaia;
Ainsi sui veraie pucele. »
En une chambre, qui fu bele,
Mist Herceloz Aélison
Par uns fax huis de la maison,
Quar molt en sot bien l'ui et l'estre.
A tant s'en revint vers le Prestre;
Si a pris par la mein Maret,
En la chambre arroment la met
Si que li Prestres la regarde.
Ha! Diex, com li couchiers li tarde
De la grant joie qu'il atent.
Et Herceloz plus n'i atent;
Maret destorne en .I. solier;
Enuit mais porra dosnoier
Li Prestres à Aelison.
A tant vait séoir au giron
Herceloz lèz le Chapelain,
Qui li vendi paille por grain

Et changa por le forment l'orge.
Et dit Herceloz : « Par seint Jorge,
Ge ai couchiée la pucele
Soz la cortine qui ventele,
Molt dolente et molt esplorée.
Durement l'ai reconfortée,
Et li ai prié bonement
Qu'ele face vostre talent,
Et vos li prometez assez
Robes et joax à plentez,
Et g'ai fait molt vostre pont.
— Herceloz », li Prestres respont,
« Ge li donrai à son voloir
De quanque ge porrai avoir.
— Vos dites bien, » dit Hercelot;
« Dit li ai qu'el ne die mot
Quant vos seroiz o lui couchiez;
Gardez ennuieus n'i soiez,
Mais soiez saiges et cortois,
Que amie avez vos à chois,
Qui se gist de soz la cortine;
S'est plus blanche que flor d'espine
La pucele, qui tant est chiere.
— Tien, Hercelot, cest aumosniere, »
Fait li Prestres; « a ci dedenz
Vingt sols ou plus, par seint Loranz;
S'achate .I. bon bliçon d'aigneax,
Et g'irai faire mes aviax
A celui qu'ai tant desirrée. »
A tant a la chambre boutée

Sanz luminaire et sanz chandele :
A tant a sentue la toile
De la grant cortine estendue,
Là où cele gist estendue
Qui molt hardiement l'atent.
Et li Prestres plus n'i atent,
Les dras leva et dist : « Marie,
Dites, en estes-vos m'amie,
Bele suer, sanz nul contredit ? »
A tant n'i fait plus de respit,
Ainz l'enbraça molt vistement ;
Cele soupire durement,
Et fait par senblant grant martire,
Qui bien en sot le majestire ;
En sus de lui est traite et jointe,
Et li Prestres vers lui s'acointe.
   Une fois la fout, en mains d'eure
Que l'en éust chanté une Eure
En cel termine que ge di.
« Bele suer, » fait li Prestres, « di
De ceste chose que te sanble ?
Mon cuer et mon avoir ensanble
Vos promet tot et mon voloir ;
Certes, se de moi avez oir,
Sachiéz que bien sera norriz. »
Et Alison a fait .I. ris
Molt coiement entre ses denz.
Li Prestres en ses bras dedenz
Quida bien tenir Mariom ;
Certes non fist, mais Alison ;

Molt li fu tost li vers changiez.
Li Prestres fu joianz et liez;
De ci au jor que la nuiz fine,
.IX. fois i fouti la meschine;
Ne vos en quier mentir de mot.
  Or escoutez de Herselot,
Qui en la chambre fist son lit.
Là où cil menoit son delit
Li Chapelains li fist couchier;
Hercelot n'i volt atardier
Qui molt savoit mal et voidie.
Ele s'estoit nue drécie;
Si avoit alumé le fu
En une couche, qui grant fu,
D'estrain de pesaz amassé.
A Herceloz le feu bouté,
Puis escrie : « Haro ! le feu. »
Cil de la vile, qui granz fu,
I acorent tuit abrievé;
L'uis ont despecié et coupé
Où laienz grant clarté avoit,
Là où li Prestres dosnoioit.
  Li maistre Bouchiers de la Vile
Entra laienz, n'i fist devise,
Le Prestre a connu et visé;
A soi l'a maintenant tiré
Dedenz la chambre à une part :
« Jà Dame Diex en vos n'ai part,
Ne en vos, n'en vostre meschine. »
Li Bochiers sot bien le covine,

Quar bien fu qui conté li a,
Et li Chapelain esgarda
Cele qu'il tint par la main nue ;
Ce fu Aélison sa drue ;
Il quida tenir Marion.
Li maistres Bouchiers d'un baston
Le feri parmi les costéz,
Et tuit li autre environ léz
Le fièrent de poinz et de piéz ;
Molt fu batuz et laidengiéz,
Et enprès la chape li oste,
« Nomini Dame si mal oste, »
Fait li Prestres, « por Dieu la vie ! »
Atant saut devers la chaucie
Li Chapelains par un guichet ;
Devers le cul sanble bouquet,
Por ce qu'il n'avoit riens vestu.
Cil de la Vile l'ont véu
Que il estoit nuz com .I. dains ;
Certes n'éust pas en dédai[n]g
.I. poi de robe sor ses os.
Les cox li pèrent par le dos,
Par les costez et par les flans,
Des bastons qui furent pesans ;
Molt fu laidengiez et batuz.
Il est en maison enbatuz,
Tremblant com une fueille d'arbre.
  Savoir poez [par] ceste Fable,
Que fist Guillaume li Normanz,
Qui dist que cil n'est pas sachanz

Qui de sa maison ist par nuit
Pour faire chose qui ennuit,
Ne por tolir ne por enbler.
L'en devroit preudom hennorer
Là où il est en totes corz.
Se li Prestres fu enmorox,
N'i fu laidengiez ne batuz,
Et cil ot ses deniers perduz.
Il en fouti Aélison,
Qu'il péust, por un esperon,
Le jor avoir à son bordel.
Il n'i [a] plus de cest Fablel.

Explicit du Prestre.

XXXII

DU PRESTRE

QUI FU MIS AU LARDIER.

Bibl. nat., F. Fr., n° 12,483, fol. 184 r° à 185 v°.

os sans vilonnie
Vous veil recorder,
Afin qu'en s'en rie,
D'un franc Savetier,
Qui a non Baillait; mès par destourbier,
Prist trop bele fame. Si l'en meschéi
Qu'ele s'acointa d'un Prestre joli,
Mès le Çavetier molt bien s'en chevi.

Quant Baillet aloit
Hors de son ostel,
Le Prestre venoit,
Qui estoit isnel;
A la Savetière fourbissoit l'anel.
Entr'eus deus faisoient molt de leur soulas;
Des meilleurs morsiaus mengoient à tas,
Et le plus fort vin n'espargnoient pas.

Le Savetier frans
Une fille avoit,
D'environ trois ans,
Qui molt bien parloit ;
A son père dit, qui souliers cousoit :
« Voir, ma mère a duel qu'estes céens tant. »
Bailet respondi : « Pour quoy, mon enfant ?
— Pour ce que le Prestre vous va trop doutant.

« Mès, quant alez vendre
Vos souliers aus gens,
Lors vient, sans attendre,
Monseigneur Lorens ;
De bonnes viandes fet venir céens,
Et ma mère fait tartes et pastez ;
Quant la table est mise l'en m'en donne assez,
Mès n'ay que du pain quant ne vous mouvez. »

Baillet sot sans doute,
Quant le mot oy,
Qu'il n'avoit pas toute
Sa fame à par li,
Mès n'en fist semblant jusqu'à un lundi
Qu'il dist à sa fame : « Je vois au marchié. »
Cele, qui vousist qu'il fust escorchié,
Li dist : « Tost alez ; jà n'en vuiegne pié. »

Quant ele pensa
Qu'il fust eslongiez,
Le Prestre manda,
Qui vint forment liez.

D'atourner viandes s'estoit avanciez ;
Puis firent un baing pour baingnier eulz deus,
Mès Baillet ne fut tant ne quant honteus ;
Droit à son ostel s'en revinst tous seulz.

  Le Prestre asséur
  Se cuida baignier ;
  Baillet par un mur
  [Le] vit despoillier ;
Lors hurta à l'uis et prist à huchier.
Sa fame l'oy, que faire ne sot,
Mès au Prestre dit : « Boutez vous tantost
Dedens ce lardier et ne dites mot. »

  Baillet la manière
  Et tout le fait vit ;
  Lors la Çavetière
  L'apela et dit :
« Bien vegniez vous, sire. Sachiez sans respit
Que mout bien pensoie que retourriez ;
Vostre disner est tout apareilliez
Et le baing tout chaut où serez baingniez.

  « Voir, ne le fiz faire
  Que pour vostre amour,
  Quar mout vous faut traire
  De mal chascun jour. »
Baillet, qui vouloit jouer d'autre tour,
Li dist : « Dieu m'avoit de tous poins aidié,
Mès r'aler me faut errant au marchié. »
Le Prestre ot grant joie, qui s'estoit mucié,

Mès ne savoit mie
Que Baillet pensa.
La plus grant partie
Des voisins manda ;
Mout bien les fist boire et puis dit leur a :
« Sur une charete me faut trousser haut
Ce viéz lardier là ; vendre le me faut. »
Lors trembla le Prestre, qu'il n'avoit pas chaut.

On fist ens en l'eure
Le lardier trousser ;
Baillet, sans demeure,
L'en a fait mener
En la plus grant presse que pot on trouver.
Mès le las de Prestre, qui fu enserré,
Ot un riche frère, qui estoit curé
D'assés près d'illec. Là vint, bien monté,

Qui sot l'aventure
Et le destourbier.
Par une creveure,
Qui fut ou lardier,
Le connut son frère ; haut prist à huchier,
« *Frater, pro Deo, delibera me.* »
Quant Baillet l'oy, haut s'est escrié ;
« Esgar, mon lardier a latin parlé ;

« Vendre le vouloie,
Mès, par saint Symon,
Il vaut grant monnoie ;
Nous le garderon.

Qui li a apris à parler laton?
Par devant l'évesque le feron mener,
Mès ains le feray ci endroit parler.
Lonc temps l'ai gardé; si m'en faut jouer. »

   Lors le frère au Prestre
   Li a dit ainsi :
   « Baillet, se veus estre
   Tousjours mon ami,
Vent moy ce lardier, et pour voir te di
Je l'acheteray tout à ton talent. »
Baillet respondi : « Il vaut grant argent
Quant latin parole devant toute gent. »

   Jà pourrez entendre
   Le sens de Baillet ;
   Afin de miex vendre
   Prist un grant maillet,
Puis a juré Dieu c'un tel rehaingnet
Donrra au lardier qu'il sera froez,
S'encore ne dist du latin assez ;
Mout grant pueple s'est entour aünez.

   Plusieurs gens cuidoient
   Que Baillet fust fol,
   Mès folleur pensoient ;
   Il jura saint Pol
Que du grant maillet, qu'il tint à son col,
Sera le lardier rompus de tous sens.
Le chétif de Prestre, qui estoit dedens,
Ne savoit que faire ; près n'issoit du sens.

　　　　Il ne s'osoit taire,
　　　　Ne n'osoit parler;
　　　　Le Roi debonnaire
　　　　Prist à reclamer.
« Comment,» dit Baillet, «faut il tant tarder?
S'errant ne paroles, meschéant lardier,
Par menues pièces t'iray despecier. »
Alors dist le Prestre, n'osa delaier :

　　　　« *Frater, pro Deo*
　　　　Me delibera;
　　　　Reddam tam cito
　　　　Ce qu'il coustera. »
Quant Baillet l'oy, en haut s'escria :
« Çavetiers me doivent amer de cuer fin
Quant à mon lardier fais parler latin. »
Lors le frère au Prestre dist: «Baillet, voisin,

　　　　« En tant com vous prie,
　　　　Le lardier vendez;
　　　　Ce sera folie
　　　　Se vous le quassez;
Ne me faites pas du pis que povez.
—Sire,» dist Baillet, «sus Sains vous plevis
J'en aroy vint livres de bons parisis;
Il en vaut bien trente, que moult est soutiz. »

　　　　Le Prestre n'osa
　　　　Le mot refuser;
　　　　A Baillet ala
　　　　Vint livres conter,

Puis fist le lardier en tel lieu porter
Où privéement mist son frère hors;
Bon ami li fu à cel besoing lors,
Quar d'avoir grant honte li garda son cors.

   Baillet ot vint livres
   Et tout par son sens ;
   Ainsi fu delivre
   Monseigneur Lorens.
Je croi c'onques puis ne li prist pourpens
D'amer par amours fame à Çavetier.
Par ceste chançon vous puis tesmoignier
Que du petit ueil se fait bon guetier :
Ex oculo pueri noli tua facta tueri.

   Quar par la fillete
   Fu le fait sçéu,
   Qui estoit joneite.
   N'est si haut tondu,
Se vers Çavetier s'estoit esméus,
Qu'en la fin du tour n'en éust du pis.
Gardez, entre vous qui estes jolis,
Que vous ne soiez en tel lardier mis.

XXXIII

LE MEUNIER D'ARLEUX

[PAR ENGUERRANT D'OISY].

Bibl. nat. Man. F. Fr. 1553, anc. 7595,
f° 506 r°, col. 2, à 508 r°, col. 2.

Qui se melle de biax dis dire
Ne doit commenchier à mesdire,
Mais de biax dis dire et conter ;
Dès or vos vaurai raconter
Une aventure ke je sai,
Car plus celer ne le vaurai.
   A Palluiel, le bon trespas,
.I. Mannier i ot Jakemars ;
Cointes estoit et envoisiés ;
A Aleus estoit il manniers ;
Le blé moloit il, et Mousès,
Qui desous lui estoit varlès.
.I. jour estoient au molin
En un demierkes au matin ;
De maintes viles i ot gens
Qui au molin moloient souvent ;
Il i ot molt blé et asnées.
Maroie, fille Gérart d'Estrées,
Vint au molin atout son blé ;
Le mannier en a apielé ;

Ele l'apièle par son nom :
« Hé, Jacques », fait ele, « sans son,
Par cele foi ke moi devés,
Molés mon blé; si me hastés
Que je m'en puisse repairier.
Atorner m'estuet à mangier
Por mon père, ki est à chans. »
Jakès li a dit maintenans :
« Ma douce amie, or vous séés;
.I. petit si vous reposés.
Il a molt blé chi devant nous
Qui doivent maure devent vous,
Mais vous morrés qant jou porrai,
Et si n'en soiés en esmai,
Car, se il puet, et vespres vient,
Je vous ostelerai molt bien
A ma maison à Paluiel.
Sachiés k'à ma feme en ert biel,
Car jou dirai k'estes ma nièche. »
  Mousès ot jà moulut grant pièche;
Les gens furent jà ostelé
Et à leur villes retorné.
Mousès voit bien et aperçoit
Tout cho ke ses maistres pensoit;
Andoi orent une pensée
Por décevoir Marien d'Estrée.
Jésir cuident entre ses bras;
Mais il n'en aront jà solas,
Ains en sera Jakès décheus,
Tristres, dolens, corchiés et mus.

Mousès a son maistre apielé :
« Sire » dist-il, « or entendés ;
Il a molt poi d'iaue el vivier ;
Il vous covient euvre laissier ;
Nos molins ne puet morre tor.
— Or n'i a il nul autre tor, »
Fait li manniers ; « clot le molin. »
Li solaus traioit à déclin ;
La damoisièle ert plainne d'ire,
Pleure des iex, de cuer soupire :
« Lasse, » fait ele, « que ferai ?
Or voi jou bien ke g'i morrai.
Se je m'en vois encui par nuit,
Jou isterai dou sens, je cuit. »

Mousès l'a prise à conforter ;
« Biele, » fait-il, « or m'entendés ;
Vous irés avuec mon maistre ;
Il vos en pora grans biens naistre.
— Voire, » fait Jakès entressait,
« Mais meuture n'aura huimais,
Elle, ses pères, ne sa gent. »
Par le main maintenant le prent :
« Levés sus, bièle ; s'en alons
A Paluiel en mes maisons ;
Là serés vous bien ostelée.
Vous mangerés, à la vesprée,
Pain et tarte, car et poisson,
Et buverés vin affuison ;
Mais gardés ke sace ma feme
Que soiés el ke ma parente,

Car defors ma cambre girés,
Douce amie, se vous volés,
Et jou girai à ma moillier.
A Aleus m'estuet repairier
Por mon molin batre et lever;
Adont me vaurai retorner
Et choucerai lé vous, amie. »
 Cele s'estut molt esbahie,
Qui dou mannier n'avoit talent,
Ens en son cuer bon consel prent;
Dist: « Se Diex plaist, n'avenra mie. »
 Tout .iii. en viènent à la vile
De Paluiel chiés le mannier.
Or sont venu au herbegier;
Li manniers apiela sa fame;
Se li dist: « Dame, que vous sanble?
Que mangerons-nous au souper?
—Sire, » chou dist la dame, « assés.
Qui est ceste méchine ichi?
— Ma cousine est, sachiés de fi;
Faites li fieste et grant honor.
—Volentiers, » la dame respont;
« Bien soiés vous venue, amie.
— Dame, » fait el, « Dius bénéie. »
De mangier n'estuet tenir plait
De chou ke promesse avoit fait;
Pain et vin, car, tarte et poison
Orent assés à grant fuisson.
 Quant orent mangié et béu,
Li lis fu fais, dalès le fu,

U la meschine dut couchier,
Kieute mole, linches molt chier,
Et covertoir chaut et forré.
Li manniers en a apielé
Sa fame, k'il ot espoussée :
« Dame, » fait il, « si vous agrée,
Volentiers iroie au molin,
Il le m'estuet batre matin ;
Il i a molt blé ens ès sas. »
La dame dist : « Se Diex me gart,
Il chou est molt très bon à faire. »
A tant li manniers se repaire,
Mais ainchois ot dit à sa feme
Qu'ele pense de sa parente :
« Alés à Diu, » chou dist la dame ;
« Pis n'aura conme se fust m'ame. »
   A tant s'en va. Cele demeure ;
Del cuer souspire et des iex pleure,
Et dist la dame : « K'avés vous ?
Dites le moi tout par amors ;
Nous avons or esté si aisse
Et or nous metés en malaisse.
Qui vous a riens meffait ne dit ?
— Dame, » fait el, « se Diex m'aït,
Je me loc molt de vostre ostel,
Mais mes cuers est molt destorbés.
Se je l'osoie descovrir
J'en sui forment en grant desir.
— Oïl, » fait la Dame erramment,
« Dites le moi hardiement.

Jà ne sera si grans anuis
Ne vous en oste, se je puis. »
Dist la pucèle : « Grant merchi ;
Jel' vous dirai sans contredit.
Huimain vinc por maure à Aleus,
Et vo barons si me dist leus
Que ne porroie maure à pieche.
Iluec me détria grant pieche ;
L'autre gent molut erramment ;
Le molin clot delivrement,
Car Mousès li ot ensaigniet
Qu'il ot molt poi d'iaue el vivier.
Tant iluec séoir m'i fissent
Que nuis me prist et viespres vinrent ;
Chi m'amena por herbegier,
Car vaura dalès moi chouchier,
Se Jhésus et vos ne m'aïe.
— Or vous taisié, ma douce amie, »
Fait la dame, ki fu senée;
« Vous en serés bien destornée ;
Car vous girés ens en mon lit
En ma cambre tout en serit,
Et jou girai chi en cestui.
Se mes maris i vient encui
Qu'il veulle gesir aveuc vous
Trover m'i porra à estrous
Et sofferai chou k'i vaura. »
La demoisele s'escria :
« Dame, » fait ele, « grant merchi ;
Bien avés dit, se Diex m'aït,

Il ert mérit, se Dius plaist bien. »
Dist la dame : « Chou croi jou bien ;
C'est bien et autre tout ensanble. »
 Atant s'en entrent en la cambre
U la pucele se coucha,
Et la dame se retorna.
A l'uis s'en vint, si l'entr'ovri,
Puis est venue droit au lit,
Qui fais estoit lès le fouier,
U la pucele dut chouchier.
Ele s'i chouce, plus n'arieste ;
Saingna son cors, saigna sa tieste ;
A Diu se rent et au Saint pière
Qu'il li doinst bone nuit entière.
 Si fara il, mien ensient,
Se l'aventure ne nous ment,
Car ses maris, manniers qui ert,
Il et Mousès sont repairiet ;
Par mi la rue vont tout droit ;
Del molin viennent ambedoit.
Por jesir avuec la meschine
Revint Jakès, ki le desire ;
Mousès l'en a mis à raison :
« Sire, » dist il, « par saint Simon,
Car faites .i. markiet à mi ;
Certes j'ai un porchiel nouri,
Il a passé .v. mois entiers ;
Celui aurés molt volentiers,
 Foi ke doi Diu, sainte Marie,
Se jésir puis o le meschine.

— Oïl, » fait Jakès entresait ;
« Se guerpir volés, sans nul plait,
Le porcelet ke nouri as,
Gesir te ferai en ses bras.
— Oïl » fait il, « par tel marchiés
Le vous guerpisse volentiers.
— Or m'atent dont à cest perron ;
Je m'en irai à no maison.
Se choucerai o la pucele,
Qui tant est gentiex et biele. »
Chou dist Mousès : « A Diu alés ;
Quant vous poés, si revenés. »
 Et Jakès li manniers s'en torne ;
Dusc'à la maison ne destorne.
Il a trové l'uis entr'overt ;
Tout souef l'a arière ouvert ;
Ens est entrés, puis le referme ;
Mais molt se doute de sa feme,
Qu'il cuide k'en sa chambre gisse,
Mais je cuic la mescine i gisse.
 Au lit en vint, lès le fouier
Dalès sa femme tost choucier.
Il cuide che soit la meschine ;
Si l'a acolée et baisie ;
.V. fois li fist li giu d'amours,
Ains ne se mut nient plus c'uns hors.
Il iert jà priès de mie nuit ;
Li manniers crient Mouset n'anuit,
Qui l'atent séant à la pière ;
Ses demoures forment li griève.

A la dame dist : « Je m'en vois,
Mais ke n'en aïés irois,
Car il est plus de mie nuit ;
Je revenrai encore anuit.
— Quant vous poés, si revenés, »
Et dist la dame, « à Diu alés. »
Jakès en est dou lit partis,
Si s'est rechauciés et viestis ;
Gieut cuide avoir o la pucele ;
On li a cangiet le merielle.

A Mousèt en est retornés,
Qui dehors l'uis est akeutés :
« Vien chà, amis, errant jesir ;
Je vuel le porcel deservir.
.V. fois ai fait ; bien vous hastés ;
Or il para quel le ferés. »
Che dist Mousès : « Que dirai jou,
Quant je venrai en la maison ? »
Et cil a dit : « Au lit alés ;
Se vous chouciés dalé son lés ;
Ne dites mot, mais taisiés vous ;
Jà nel' saura par nul de nous,
Faites de li vos volentés. »

A tant en est Mousès tornés,
Et vint au lit ; si se despoulle ;
Maintenant o la dame chouce.
.V. fois li fist en molt poi d'eure.
A tant Mousès plus n'i demeure ;
Congiet a pris, si se viesti ;
La dame croit, saciés de fi,

Que ce ne soit fors ses barons.
Et cil revint à Jakemon;
Se li a dit : « J'ai fait .v. fois.
— Dont a ele éu despois? »
Chou a dit Jakès, li vuihos;
« Li porchiax esciet en mon los.
— Voire, » fait Mousès, « en non Dé;
Or venés; prenc, qant vous volés,
Le porcelet, ki estoit mien;
Vous l'enmenrés par le loien. »
A tant s'en sont d'illuec parti.

Qant li jours fu bien esclarchi,
La damoisele s'est levée;
Si s'est viestue et atornée.
A la dame congiet a demandet
Et li merchie de son hostel.
Ele li dist : « Ma douce amie,
Perdue avés bonne nuitie,
Car mes maris .x. fois ennuit
M'en a donné par grant déduit.
Por vous l'a fait; ne l'en sai gré;
Ou lit vous cuide avoir trové.
— Gret m'en sachiés, » fait la mescine.
A tant plus n'arieste ne fine;
A Hestrées tout droit s'en va.
Et li manniers tost repaira;
Si ammaine le porchelet;
Par dalés lui s'en vint Mousès,
Qui le porciel li ot vendu;
Bien le cuidoit avoir perdu.

Qant la dame perçut les a,
Sachiés ke pas n'es bienvina,
Le sien marit trestout avant ;
Tost li a dit : « Ribaut puant,
.XIIII. ans ai o vous estet ;
Ains ne vous poc mais tel mener,
Ne tant acoler, ne basier,
Servir à gré, ne solacier,
Que ja iffuse envaïe
.II. fois en une nuit entiere.
Pour la mescine euc, voir, ennuit
X. fois, u plus, par grant déduit.
Cele m'a fait ceste bontét,
Cui vous cuidastes recovrer.
En mon lit cocha, en non Dé.
Or avés vous cangié le dé. »

Quant Jakemars l'ot, et entent
Qu'il est vuihos certainnement,
Saciés ke point ne l'abielist,
Et Mousès tout errant li dist :
« Sire, mon porciel me rendés,
Car à tort et pechiet l'avés.
— Qu'esse, diable ? » dit Jakemars.
« Tu as ennuit entre les bras
Jut de ma fame et fait ton bel,
Et tu viex r'avoir ton porchiel ;
Saces ke tu n'en r'auras mie.
— Si arai », fait Mousès, « biax sire,
Car je duc gire o la pucele,
Qui estoit grasse, tenre et biele,

Ke miex vauroit ele sentir
Que de vo feme nul delit.
Sachiés je m'en irai clamer;
Tost à Oisi vaurai aler. »

Mousès en va droit à Oisi.
Si en est clamé au Bailli,
Et li Baillius les ajorna;
A tant Mousès s'en retorna.

Quant li termes et li jors vint
Que li Baillius les siens plais tint,
Li manniers i vint et Mousès
Por conquerre le porchelet.
Mousès a sa raison contée;
Li Eskievin l'ont escoutée.
Que vous feroie jou lonc conte ?
Toute sa raison leur raconte,
Ensi com Jakemès, li cous,
Li ot fali de tout en tout :
« O la pucele deuc jesir;
O sa feme m'a fait jesir, »
Qu'il ne prent mie en paiement,
Ains veut que Jakès li ament,
Car deut jesir o la pucele
Qui tant est avenans et biele.
Se li Esquievin li otrient;
Communaument ensanble dient
Que il li tiegne ses markiés.

Li manniers est levés en piés :
« Signor, » fait-il, « entendés nous.
Je sui vuihos et si sui cous.

Je doi bien cuites aler par tant,
Car sachiés il m'anuie forment
Chou que il avint à ma feme,
Car ses porchiaus ne m'atalente. »
Li Baillius a grant ris éut,
Puis si lor a ramentéut :
« Volés de chou oïr le droit?
— Oïl, » dit Mousés, « par ma foit.
— Et vous, manniers? » fait li Baliu.
« Voire bien, de par Dame-Diu,
Que il me doinst cuites aler. »
Li Baillius prist à conjurer
Les Eskievins por dire voir :
« Si ferons nous à no pooir,
Sire, » font il, « molt volentiers. »
A tant se prendent à consillier ;
A ce consel en sont alé ;
Plus tost qu'il peurent sont torné :
« Sire, » font il, « entendé nous.
Par jugement nous disons vous
Ke vous Mousèt faites r'avoir
Son porchelet, car chou est drois,
Et commandés à Jakemon
Qu'il li renge tout, sans tenchon,
U la meschine li r'amaint
Por faire son bon et son plain. »
   Li Baillius li a commandé,
Et Jakès li a delivré
Le porchelet tout erramment,
Et li Baillius maintenant prent

Par le loien le porchelet,
Et puis si a dit à Mouset :
« Amis, or ne vous en courchiés ;
Je vous renderai en deniers
.Xxx. sols por le porchelet.
Mangiés sera à grant reviel
Des bons compaingnons del païs. »
Jakès s'en part tous esbahis,
Qui demeure chous et vuihos.

 Cho fu droit que le honte en ot,
Car raisons ensaigne et droiture
Que nus ne puet metre sa cure
En mal faire ni en mal dire
Tousjors ne l'en soit siens le pire,
Et ausi fist il le mannier,
Qui en demoura cunquiet,
Mais ne me chaut, chou fu raisons.
Et li Baillius a tout semons
Les escuiers et les puceles,
Les chevaliers, les dames bieles ;
Si a fait mangier le porciel
A grant joie et à reviel.

 Engerrans, li clers, ki d'Oisi
A esté et nés et nori,
Ne vaut pas ke tele aventure
Fust ne périe ne perdue ;
Si le nous a mis en escrit
Et vous anonce bien et dist
C'onques ne vous prenge talens
De faire honte à bones gens.

Qui s'en garde, il fait que sages,
Et Dius le nous meche en courage
De faire bien, le mal laissier.
Chi faut li Ronmans del Mannier.

XXXIV

DU PRESTRE ET DU CHEVALIER

[PAR MILON D'AMIENS.]

Bibl. nat. Man. F. Fr. 12,603, fol. 262 v° à 270.

Traiiés en chà; s'oiiés .I. conte,
Si com MILLES D'AMIENS le conte,
D'un Chevalier et d'un Provoire.
Li contes fu mis en memore
C'uns Chevaliers molt povrement
Repairoit du tournoiement;
Si avoit tout perdu le sien,
Et si avoit esté si bien
Batus que, s'il donnast .c. saus,
Ne trouvast-il qui tant de cols
Li donast pour .c. sols contés.
Laidement fu debaretés;
Si ot toute sa compaignie
Perdue et toute sa mainsnie,
Et son harnas et son conroi.
. . . .
Ensi s'en vint molt povrement
Et .I. Escuiers seulement.
S'esmurent une matinée
Pour revenir en lor contrée.

. . . .
Cel jor ot faite grant journée
De .xv. lïues et de plus,
Et fist fors tans, et fu en plus
Trestous li cors dusque as talons.
Dieu et saint Ladre d'Avalon.
Réclama, et Sainte Marie,
Que vrai conseil et vraie aïe
Li envoïast prochainement.
Moult chevauça pensieument
Jouste un pendant, lès .i. laris,
Com chius qui molt estoit maris
De le mesaise qu'il souffroit,
Et sachiés bien qu'il estoit
.XIIII. tans de sa poverte
Que de son cors ne de sa perte.
Molt par s'en aloit povrement
Et ses Escuiers erraument
Le sievoit les galos destrois
Pour les dolours et pour les frois
Que il avoit le jour souffert,
Et prie Dieu et saint Lambert
Que par se grasce le consaut.
Tant chevauchèrent que en haut
Vinrent une ville campiestre,
Où il avoit moustier et prestre,
Riche, manant et asasé ;
.I. grant tressor ot amassé.
Riens nule celi ne faloit,
Ne d'omme nul ne li chaloit

Fors que de li et de s'amie,
Qu'il avoit biele et eschavie,
Et de sa nieche, qu'il tenoit
En son ostel, et si l'avoit
Donnée à .i. dansel de vile;
La pucele avoit à non Gille.

    Gille avoit à non la pucele,
Qui moult ert avenans et bele
.X. tans que dire ne poroie;
De Monpellier dessi à Roie
Ne trouvissiés pas .ii. plus beles;
Graillete estoit, et les mameles
Li venoient tout primerains;
Les dois avoit lons et les mains;
Plus blanche estoit que n'est gelée.
Quant ele estoit escavelée,
Si cheveil resambloient d'or,
Tant estoient luisant et sor;
S'ot le col blanc et le front plain;
Icele ert nieche au Capelain.
S'avoit petites oreilletes;
Bien li séoient les levretes
Et li dent menue et blanc;
Sa bouche resanloit fin sanc;
Cler et riant furent li oeul.

    Au Chevalier repairier voeil,
Qui avoit perdu son chemin,
Et esra tant que en la fin
Qu'il entra en une voiète
Qui le mena à le vilète

Où li Prestres riches manoit,
Qui l'amie et la nieche avoit,
Dont oïstes ore nagaires.
Mais grans anuis et grans contraires
Avint au noble Chevalier,
A li et à son Escuier.

 Quant là vinrent, si estoit nuis
Et si estoient clos li huis,
Et les bestes èrent venues,
Et les estoilles par les rues
Luisoient, qui clartet donnoient
A chiaus qui les chemins aloient ;
A cele eure vint et entra.
A l'entrée .I. homme encontra
Qui li dist : « Sire, bien viengniés,
Comme preus et bien afaitiés. »
Respont li Chevaliers : « Biaus sire,
Dix te saut ; par l'ame ton père,
Enseigne moi le plus riche homme
De ceste vile, c'est la somme. »
Dist li vilains : « C'est notre Prestres.
Ch'est li plus riche qui puist estre
Chi environ dis lïues loing,
Et si set bien au grant besoing
Home servir, ses coses sauves ;
Et si ne prise pas .II. mauves
Homme ne femme fors que lui,
Tant est fel et de put anui.
Et d'autre part sont li vilain
Felon, quivert, failli, et vain,

Maléureus de toute part,
Hideus comme leu ou lupart
Qui ne sevent entre gent estre.
Miex vous tient aler chiés le Prestre,
Car de .ii. maus prent-on le mieux.
— Vérité dites, par mes iex, »
Fait li Chevaliers au vilain.
« Où est li mès au Capelain?
— C'est cele à cele keminée,
Cele bele, cele ordenée.
Li Prestres a à non Silvestres. »
Ensi li monstre chius les estres,
Puis prent congié, si s'en depart.
 Li Chevaliers, qui molt fu tart
Que herbegiés fust chiés le Prestre,
Qui molt est fel et de put estre,
Petit ot en son cuer de joie,
Et non porquant que toutes voies
Chevauche tant k'il vit le Prestre
Qui se gisoit sous se feniestre,
Trestous envers, le dos desous.
Li chevaliers, simples et dous,
Qui le cors ot plaisant et gent
Regarda la vilaine gent;
De chiaus ne li estoit-il gaires
De ses anuis, de ses contraires,
Que il avoit eü le jour
Li faisoit muer sa coulour.
De Dame Dieu, le Roi de glore,
Salua moult biel le Provoire;

Li Prestres si le resalua
Et après si li demanda
D'ont il est, ne de quel païs.
Li Chevaliers n'est esbahis :
« Chevaliers sui d'estranges terres ;
De tournoiier vieng pour conquerre ;
S'ai perdu, si com il avint,
A preudomme com il avient,
A honnour pour querre los.
— Or auroie jà escalos »,
Fait li Prestres, « se je voloie »,
Ki ert chains de pute coroie,
Et si ert fel et deputeaires.
Et li Chevaliers deboinaires
Respont : « Sire, jà Dix ne plache
Que vos avoirs nul bien me faiche
S'au double n'en ravés du mien,
Riches homs sui, ce sachiés bien :
Je tieng encore tout du mien
Le montant de xv castiaus,
Boins et rices, et gens, et biaus,
Et autres viles, qui sont moies.
. . . .
N'a pas de là jusques ichi
.Xv. liues, je vous affi,
Mais herbregiés moi anuit mais.
— Dans Chevaliers, tenés me en pais, »
Fait le Prestres, « alés vo voie,
Car nului ne herbergeroie,
Nès le Roi, s'il ert chi venus ;

Car du faire ne sui tenus
Qu'il ne me plaist ne je ne voeil,
Ne nului herbergier ne seul,
Ne or ne quier avoir maisnie,
Fors moi et me nieche et m'amie,
Qui me doit anuit aïsier.
Ailleurs vous alés herbergier,
Car je ne cuit à vous plait prendre,
Estriver ne parole rendre;
Chi ne ferés vous vos besoigne
Vaillant le pris d'une escaillongne. »
 Dont fu li Chevaliers plains d'ire,
Et non porquant si prist à dire:
« Se Diu plaist, ne me faurés mie.
A Chevalier chevalerie
Et au Clergiet afiert a estre,
Si com j'oï dire mon maistre.
Se che nous faut, c'est Vilonnie
Sourmonte honneurs et courtoisie.
Je vous donrai de mon avoir
Assés pour biel ostel avoir. »
Adont le regarda li Prestres;
Si a drechiet amont sa tieste,
Si descent jus de la fenestre,
Dans Silvestre, li capelains,
Qui avoit ouvertes ses mains
Tous jours au prendre et au reçoivre :
Le Chevalier cuide dechoivre
Et de sa parole souspendre :
« Dans Chevaliers, de chi atendre

Ne porés vous avoir nul preu.
Herbregiés vous en autre lieu.
S'ensi estoit, com je devise,
En tel manière et en tel guise
Porés vous avoir mon serviche
Et de ma nieche et de m'amie
Et mon ostel à vo talent. »
Et li Chevaliers erraument
Respont : « Or dites, je l'orrai,
Le convenant, et je ferai
Che que moi vendra à talent,
Car il est tout à vo commant
Et au mien ne fust d'autre part
Vous me tierriés pour musart ;
Pour ce est raison que je l'oie,
D'ont dirai que Dix me doinst joie. »
Fait li Prestres : « Vous me donrés
De tous les mès, dont vous arés
Servi, .v. sols pour convenanche.
— Par tous les Sains qui sont en France, »
Fait li Chevaliers, « je l'otroi.
— Dont me pluverés vous vo foi, »
Fait li Prestres, « que je serai
Demain paiiés, et si arai
Mon convenant trestout sans noise ?
— Bien me plaist et nient ne me poise, »
Fait li Chevaliers, « mais c'au mains
Me jurés comme Capelains.
Si me fiancherés vo foi,
Comme Prestres de bonne foi,

C'à mon talent servis serai
De tous les mès que je saurai
Que vous arés en vo baillie. »
   De chou li a sa foi plevie
Li Prestres, mais ceste fiance
Dont contraire duel et pesanche
Ot, ains que partissent andui.
Li Chevaliers fianche lui
C'à son talent paiiés sera
Trestout quanqu'il demandera
De convenant et de droiture.
Li Escuïers fremist et jure,
Com cil à cui forment en poise;
Mais il n'en ose faire noise,
Tant doute son seigneur et crient;
Molt est dolens et molt se crient,
Et pense que il li larroit
Lors .1. cheval, et s'en iroit
A pié, se Dix ne les conseille;
De bien servir biel s'apareille.
   Li Prestres les a fait deschendre;
Dame Avinée couroit prendre
Le palefroi au Chevalier,
Gille celi de l'Escuier.
Cascune osta le sien le frain;
Si lor donnent avaine et fain;
Molt savoient bien servir gent.
Mais laiens ot petit de gent
Et de maisnie, c'est la voire;
.II. cousins germains à Provoire

Fissent venir, qui biel estoient
Et bien et biel servir savoient.
Quant venu furent belement,
Si saluent courtoisement
Le Chevalier et se maisnie :
« Biaus seignor, Dix vous béneïe, »
Respont li Chevaliers à iaus.
Li keus faisoit peler les aus,
Commin broier et poivre ensanle,
Et jà cuisoient, ce me sanle,
.IIII. capon et .II. gelines.
Molt èrent beles les cuisines,
Car li connin et li oison
Erent jà cuit et li poisson.
Gille, au cors avenant et biel,
Fist .II. pastés et un gastel ;
Dame Avinée eslut le fruit,
C'on dut mengier par grant deduit,
Et en après autres viandes.
Li Prestres poile les amandes ;
Cius bat les aus, l'autre le poivre,
Et si ont fait un moult boin soivre ;
Li tierch levent les escuielles,
Li quart met les bans et les seles
Et les tables pour asséoir.
Là péuissiez menger veoir
Bien atourné et sans faitise.
Li Escuiers .II. nois ne prise
Tout che, ains l'en poise forment
Qu'il cuidoit bien tout maintenant

Laissier son escu et sa targe;
S'a tel duel por poi qu'il n'esrage,
Com cil qui plus faire ne puet.
   Dist li Prestres : « Il vous estuet
Menger anuit, mais en est tans. »
En .ii. bachins clers et luissians
Porta on l'ïaue pour laver;
Gile, la plaisant demisele,
L'a aportée maintenant.
Le Prestre fist laver devant
Le Chevalier à grant honnour;
De son otel le fist seignour.
Après lava li Capelains
Ses iex, sa bouce et ses mains;
Puis s'alérent séoir après.
.Ii. candelabres de chiprès
Aportent doi vallet avant;
En cascun ot .i. chierge grant
Que mieux véissent au mengier.
Sans contredit et sans dangier
Les servi on .i. à un mès,
Et, devant tous les autres mès,
Fu premiers li pains et li vins.
Li chars de porc et li connins
Aporta on, pour .ii. mès faire;
Celle viande doit bien plaire.
Après orent oisiaus nouviaus;
Puis fu aportés li gastiaus,
Et li capon furent au soivre,
Et li poisson à le fort poivre,

Et les pastés à déerains
Fait aporter li Capelains,
Por ce qu'il èrent biel et chier.
Por mieus séoir le Chevalier,
Et à toute l'autre maisnie
Dame Avinée, qui fu lie,
Aporta nois et autre fruit,
Et kanièle, si com je cuit,
Et gyngembras et ricolisse ;
Mainte boine herbe et mainte espise
Lors aporta dame Avinée.
Ains que la table fust ostée,
S'en mengèrent, toutes et tuit,
Tout par loissir et par deduit,
Et burent vin, vermeil et blanc,
Cler comme larme, et pur, et franc,
Assés et as grans alenées.
. . . .
Et ont les tables, quant lius fu.
Et puis font attisier le feu
Que froidure ne les sousprengne.
« Dans Chevaliers, comment qu'il prengne
S'il vous plaist et ne vous anoie, »
Fait li Prestres, « je conteroie
Volentiers c'avons despendu.
— Contés, car bien vous ert rendu, »
Fait li Chevaliers, « se Dieu plaist. »
Li Escuiers adès se taist,
Qui moult avoit le cuer dolent
Qu'il ne set à dire comment

Icele dete porra estre
Rendue à Monseigneur le Prestre,
Car il n'ont fors leur .ii. chevaus
Et lor reubes et lor mantaus;
Si en a molt son cuer dolent.
   Fait li Prestres premierement :
« Vous conterai .v. saus au pain,
Et .v. au vin, plaisant et sain,
Et .v. à le char de porc saine;
Autrestant a valut la laine.
S'en a .v. as gelines crasses,
.V. as capons et .v. as liastes,
.V. as pastés, .v. as gastiaus,
Que nous aussmes boins et biaus,
.V. as aus et .v. as oissnions,
.V. au poivre et .v. as poissons,
Et si ara .v. saus au feu,
.V. au serjant et .v. au keu,
.V. pour l'avaine. Or sont .c. saus,
Que je ne soie au conte faus.
S'en ara .v. as napes beles,
.V. as pos et .v. as paieles,
.V. as tables, .v. as plouviers
Que nous euismes boins et chiers;
Les gyngembras, les ricolisses,
.Xxx. saus, content les espises;
Que je n'oublie .v. saus au sel,
Et .v. au lit, .v. à l'ostel,
Et .v. au fain, tout sans l'avaine,
Et .v. à la litière sainne,

C'on mist desous vos .II. chevaus;
Si sera li contes ingaus.
Chi n'a pas trop de nule rien
Car de che me pairés vous bien
Demain au partir sans deçoivre.
Après le conte doit on boire, »
Fait li Prestres, « si beverons.
— Quant vous plaira, et coucherons, »
Dist li Chevaliers, « biaus dous sire, »
Qui en son cuer ot molt grant ire.
   Dont se sont levé tout ensamble,
La maisnie, si com moi samble,
Pour lui servir et descauchier ;
Qui dont le véist encauchier
De lui servir et honnour faire,
Ne li peüst de riens mesplaire ;
Cius le descauche, chius le grate,
Chius le soustient, et chius le taste.
Ensi li font tout son plaisir;
Acompli li ont son desir,
Tant qu'il l'orent muchié ou lit,
Qu'il orent fait bel et delit.
Quant couchié l'ont isnelement
Si ne targierent de nient,
Ains aportent le vermeil vin,
Si but entre les dras de lin.
Quant ot bu, erraument se couche ;
Son chief envolepe et sa bouce,
Et fait samblant que dormir voeile.
   Tantost se deschauce et despouille

Li Escuiers, et s'appareille
De dormir; mais tantost s'esveille
Li Chevaliers, et se pourpense
Comment paiera tel despense;
Bien set que jà n'en finera
Devant que li Prestres en sera
Paiiés, qui moult les deniers aime;
Chaitis et fols musars se claimme,
Quant il a fait si grant despense.
Après ices mos se porpense
De grant barat et de grant guille.
Dont dist qu'il vora bien que Gille
Viengne en nuit couchier en son lit,
Faire son boin et son delit
Et en après dame Avinée,
Li preus, li bele, li senée,
Et en après li dans Prestres :
« Si sauerai de tous .iii. les estres ».
De ce s'afiche molt, et jure
Que il fera ceste laidure,
S'il ne li claimme cuite et lait
Le grant despens que il a fait
En son ostel par son outrage.
« Si voroie mieus à Cartage
Estre que jà géuisse a homme,
Em Puille, en Salerne ou à Romme
Et non porquant si li ferai
Cest lait; si li demanderai
Que il viengne avoec moi gesir
Faire mon boin et mon plaisir,

Pour .xv. saus qui n'i remaigne. »
Li Chevaliers, qui moult engaigne,
Non fera il por que il puisse.

Son Escuier prent par le cuisse ;
Vers li le sache et si le boute :
« Os tu ? Diva », fait-il , « escoute. »
Tant le deboute, et sache, et tire,
Que chiex sot que c'estoit ses sire.
Li Chevaliers li prist à dire :
« Lieve tost sus, et si va dire
Au Prestre felon et vilain ,
Qu'il m'envoist sa nieche Gillain ;
Si mèce plus .v. sous au conte. »
Et chiex dit : « Vous li querrés honte.
— De li tele est no convenenche,
Dont j'ai sa foi et sa créance
C'à mon talent servi seroie
De tous les mès que je sauroie
Que il aroit en sa baillie,
Et ceste i estoit sans faillie.
Pour ce le veut anuit avoir,
Qui qui le tiengne à non savoir,
Qui qu'en pleurt ne qui k'en ait joie. »
Dont dist li Escuiers et proie
A son seignor qu' il laist ester :
« Vous n'i poriés riens conquester,
Car qui trop prent et trop acroit
Ains qu'il ne veut caitis se voit. »
Et cure mout son cors et s'ame
C'ains mais ne vi pour une femme

V. sous donner en son éage
Ne faire à homme tel outrage
Com fait ses sires, qui les donne,
Qui se tresbuse et abandonne
En grant peril et en grant mal,
Car demain à pié sans cheval
En ira pur sa grant despense.
Ensi fait moult chiere dolente
Li Escuiers et se demente,
Et si a mis toute s'entente
En castoier son droit seigneur.
Duel ot, onques mais n'ot grigneur,
Pour son seignor qui se foloie.
Riens ne li vaut que toutes voies
L'enort lever, outre son veil,
Li Chevaliers, qui, plains d'orgueil,
Le voit de son message faire,
Et chiex, qui ne s'en pot retreire,
S'est levés sus tout maintenant.
Plus de c. fois en un tenant
Se claimme las, maléureus,
Et, com caitis et dolereus,
S'en vint droit à l'uis de le cambre,
Qui bien estoit ouvrée à l'ambre.
　Quant là parvint, tel noise fait
Et a gieté .i. si grant brait
C'on l'oïst, mien esciant bien,
Sans mençoigne de nule riens,
De le vile par tout le sens.
. . . .

Li Prestres, qui grant duel en a :
« Dehait, qui vous i envoia, »
Fait li Prestres, « pour faire noise ? »
Li Escuiers, à cui en poise,
Respont: « Sire, je n'en puis mais ;
J'amaisse mieus gesir em pais,
Mès me sires le me commande,
Qui vous semont par moi et mande
Que vous li envoiés vo nieche
De ceste nuit une grant pieche.
Si métés plus .v. saus au conte,
Car molt bien en savés le conte ;
La couvenanche si fu faite
Entre vous .ii. », puis se dehaite.
Dans Silvestres bien s'aperçoit
Que li Chevaliers le dechoit ;
S'en a grant duel et ire fort :
« Biaus dous amis, à molt grant tort »,
Fait li Prestres, « me veut vos sires
Engingnier ; car li alés dire
Qu'il me claint cuite la pucele.
Je li ferai amende bele
De son despens, et li lairai
Quarante saus et li ferai
Quant li plaira autel bonté,
Car forment m'aroit ahonté,
Se il avoit ma nieche éue
Despucelée et puis géue.
Alés, biaus dous amis, et dites
Que des xl. sous est quites

Li Chevaliers pour la pucele. »
　　Tel joie a cius, tous en canchele
Li Escuiers de fine joie ;
Gratant son cul, la droite voie
S'en vint au lit où jut ses sire,
Joians, sans dolour et sans ire,
Li Escuiers, et s'ajenouille ;
De fine joie sue et moulle ;
Bien et briément fait son message,
A guisse d'omme preu et sage ;
Li dist : « Sire, li Capelains
Vous mande et prie ad joigtes mains
Que vous sa nieche li laissiés
Em pais, car nul preu n'i ariés :
Il vous laira, sans plus d'atente,
.XL. sous de vo despense. »
Li Chevaliers sans plus d'atente,
Li prie molt forment de prendre.
Et sa proiière trop desdaingne,
Et molt par en a grant engaingne
Li Chevaliers de tel message,
Et, aussi com eüst la rage,
Li escrie : « Faus ribaus ors,
Diex maudie le votre cors,
Quant vous ne m'amenas Gillain
Outre le gré au Capelain.
Alés ; dites je n'en prendroie
.X. livres de tele monoie,
Par Saint Aliste de Hanstone,
Puis que convens à moi le donne. »

Dont retourna tous esmaris,
Et fait samblant de crucefis
Li Escuiers ; en kiet en fièvres ;
Tout aussi tremble comme lièvres,
Qui paour a pour les braquiés.
Aussi com s'il fust esragiés
Grate sa teste de paour ;
Si pert le sanc et la coulour
Pour le despens que il redoute ;
Sous li emprent la paour toute
Comme musars et fole cose.
 En la cambre, qui estoit close,
Vient, et entre ens, et dist au Prestre :
« Foi que doi vous, il ne puet estre,
Car Mesires veut votre nièche
Anuit avoir une grant pièche,
Mais je ne sai pas s'il est yvres,
Car qui li conteroit .x. livres
Nes prendroit-il pas pour Gillain. »
Lors drecha li Prestres sa main
En mont en haut, et si se sainne :
« Si m'aït Dix, et bien me vengne, »
Fait li Prestres, « engingniés sui,
Ains mais si engingniés ne fui,
Ne jamais aussi ne serai ;
Et non porquant si li ferai
Tout son commant à mon pooir,
Estre mon gré et mon pooir. »
Dont viest li Prestres se chemise ;
Saint Amadour et Sainte Afflise

S'en vint jurant au lit Gillain ;
Adont l'a prise par la main,
Le vis li baise et puis la faice :
« Nièche, » fait-il, « ne sai que faice
Du Chevalier qui mal me maine.
Ensi ai pourcachié ma paine :
Je le cuidai avoir souspris,
Et il m'a engingniet et pris
Par convenenche, et s'a ma foi,
Et si me mande que o soi
Vous tramece pour ses boins faire.
Alés i, nièche, car retraire
Ne vous em puis, mais bien me grieve.
Mais, par saint Julien de Bievre,
Ne suis pas encore si faus,
Que je voeille perdre .c. saus,
Nièche, pour votre puchelage ;
Car je feroie grant folage,
Bielle nièche, se jes perdoie. »
Dont pleure celle et pert se joie
Com celle qui nul mal ne set ;
Se vie despit moult et het ;
Bien vorroit estre ocisse et morte,
Mais ses oncles le reconforte
Qui li dist : « Nièche, ne vous caut :
Ch'est tel cose qui moult tost faut,
Et que pucelages trespasse ;
Em poi d'eure est pucele basse
Et bien mise à son pain gaaingner.
Ains n'en vi nule meshaingner.

Non ferés vous, si com je cuit,
Mais alés tost, sans faire bruit,
Faire les boins au Chevalier,
Et je vous jure saint Valier,
Qu'en liu de votre puchelage
Arés en votre mariage
Les .x. livres, se je vic tant. »
    Adont s'est drechie en estant
Gille, de sen sercot viestue;
Ensi est de la cambre issue.
De plourer a le coulour paile.
Ensi s'en va par mi la salle
Li Prestres, et sa nièche o li.
Tout maintenant Gillain rendi
A l'Escuier par mi le main.
Or s'en va chius avoec Gillain
Au Chevalier la droite voie,
Qui de Gillain ara grant joie
Quant il le porra enbrachier,
A li juer et soulagier,
Et ses talens et ses boins faire.
Li Escuiers le fu esclaire,
Com chius qui moult sot de raison,
Pour mieus veoir par le maison,
Et dist : « Veschi Gillain le biele,
Qui tant a biele le maisiele,
Biaus sire, que je vous amain. »
Adont li bailla par la main;
Li Chevaliers joians le prent.
Au fu, qui cler art et esprent,

Li Escuiers tantost retourne,
Si le rechoit, et n'i sejourne,
Puis entra errant en son lit.
Li Chevaliers fait son delit,
Qui Gillain avoit jà souprise
Et desous li souvine mise,
Et jà tolu son pucelage.
Or puet mener et duel et rage
Gille, qui est depucelée;
Moult en a grant doulour menée
Et dolousé icele nuit.
Or est moult joians du deduit
Li Chevaliers et moult se paine;
Et cele, qui moult ot de paine
Pour la cose qu'ele n'a aprise,
Li Chevaliers tant le justice
Que par .v. fois ses boins en fait,
Cui soit il biel ne cui soit lait,
Et puis son Escuier apelle.
 Cius saut tous seus en la gonnele,
Com chiex qui moult s'en sout tenus,
Et dist: « Sire, je suis venus;
Jes... — Oïl voir; or prend Gillain
Tout belement par mi le main
Et à son oncle le remaine
Tout souef, qu'ele n'i ot paine. »
Et cil le prent par le main destre;
Biel et courtoisement l'adestre.
Ensi s'en va Gille la bele,
Despucelée la pucele,

Et maudist moult souvent sa vie
De Dieu, le fil sainte Marie,
Et le santé qui le soustient.
Li Escuiers dist : « Pas n'avient
A Damoisele duel à faire. »
En la cambre, qui souef flaire,
S'en sont venu andoi ensanlle.
Li Escuiers, si com moi sanlle,
Rent à son oncle la mescine,
Qui de doulour ploie l'eschine ;
Puis prent congié et si s'en tourne.
Son cief envolepe et sa bouche
Li Escuiers qui fu lassés.

Mais il n'ot pas dormi assés
Quant ses drois Sires le resveille,
Qui moult se paine et se travaille,
Ou soit à droit ou soit à tort ;
Il li demande se il dort,
Et chieus respont : « Je non, biaus Sire.
— Lieve tost sus et si va dire,
Amonneste le dan de prestre,
Que li vilains nomma Silvestre,
Que tout par boine destinée
Me trameche dame Avinée
Qui est s'anchièle et s'amie ;
Va tost, si ne li coille mie,
Mais bien li di que je le voeil,
Et, si dist que je fac orgueil,
Di li que tele est ma manière,
Que nule cose n'ai tant chière

Que ne donnaisse pour puchele
Ou pour dame, quant elle est biele.
Ceste est biele ; cui qu'il desplaise,
Se l'voeil avoir pour faire m'aise ;
Va tost ; le m'amainne et revien
Isnelement ; si feras bien. »

 Dont s'en va cius et si s'en tourne :
Dusqu'à la cambre ne sejourne,
Qui est fremée à la queville :
« Ouvrés, ouvrés ! — Voi, par saint Gille, »
Fait li Prestres ; « Maufès te maine
Qui nous mès ores en tel paine.
— Non fai, ains m'envoie Mesire
A vous ; si vous sui venus dire
Tantost, par boine destinée,
Si envoiés dame Avinée,
La preus, la courtoise, la biele.
Par sainte Gietrus de Nivelle,
Jure Messires qu'il le veut. »

 Or est plus dolens qu'il ne seut
Li Prestres, et plus se demente ;
Dieu jure qu'i toute sa rente
Ameroit mieus avoir donnée
Que jà eüst dame Avinée ;
Diu jure fort, et si entreuvre
L'uis, et à l'Escuier descuevre
Trestout son boin et son courage :
« Amis », fait-il, « moult grant folage
Pense vos sires, qui m'amie
Veut avoir. Il n'en ara mie, »

Fait li Prestres, « pour que je puisse.
Mieus vauroie ma destre cuisse
Avoir en .ii. tronchons brisie
Que teus hontes me fust jugie,
Ne qu'il i atouchiet éust.
Se je cuidasse qu'il déust
Vers moi penser tel felonnie,
Jà n'i eüst jor de ma vie
Chaiens, ne marchié n'i fesist,
A moi que que nus en desist;
Mais on ne connoist point la gent.
La grans convoitise d'argent
M'a dechut et mis à se part;
Si m'en repent, mais ch'est à tart;
Si ne m'en puis repentir mie.
Amis, par Diu, le fil Marie,
Va lui dire que de .c. saus
Puet estre quites, s'il n'est faus,
Mais qu'il me cuit dame Avinée;
Et demain, à la matinée,
Li ferai un conroi nouviel
Boin, et plaisant et sain et biel,
De tenres poulles et d'oisons,
De char fresque, de venissons,
Et de boin vin de .iii. manières,
Et d'espices boines et chières,
Sans che que che li couste rien.
— Biaus dous Sires, che sachiés bien, »
Fait li Escuiers, « mais je n'os;
Car j'auroie froussiet les os

S'emprès s'à Monseigneur r'aloie
Et la dame ne li menoie.
Pour ce l'atent, qu'ele s'en viengne,
Et que riens nulle ne l' retiengne,
Sans atente ne sans demeure,
Si m'aït Dix et me sekeure. »
— Mal sui engingniés et terris, »
Fait li Prestres ; « en cest païs
N'aurai jamais honnour ne joie
Se che avient que li envoie.
Retourne tost à ton Seignor,
Si li di que relait grignor
Li feroie de blans .VII. livres ;
Si ne m'en croit, sour tous mes livres
Par boine foi li jurerai
Que jà ne li demanderai
Au partir que .LX. saus. »
Li Escuiers, musars et faus,
Respont : « Sire, puet che voirs estre ?
— Oïl par fin, » che dist li Prestres.
 Dont prent son cul parmi l'oreille ;
El repairier tost s'apareille
Li Escuiers à grant leèche ;
Joians, sans ire et sans tristeche,
Moult haitiement s'en retourne,
Dusc'à la cambre ne sejourne ;
Biel et courtoisement li conte
Que relaissiet li sont du conte,
S'il veut, .VII. livres volentiers :
« Sire, » fait-il, « sour ses sautiers

Et de sour tous ses autres livres,
Jure li Prestres que .VII. livres
Volentiers vous relaissera
Et conroi nouviel vous donra
Le matin à la matinée,
Se li cuitiés dame Avinée ;
Biaus Sire, et vous li cuiterés,
Se vous m'en créés. S'en irés
Demain en vo terre à cheval ;
Je n'aurai ja duel si coural
Se jou vous suie trestout à pié,
Quant j'aurai mon rouchi laissiet,
Sans plus, pour .LX. saus ;
Se n'irés mie comme faus,
Ne com bricons, mais à honnour.
— Foi que je doi nostre Seignour, »
Fait li Chevaliers, « mieus vorroie
Que tu fuisses de ma coroie
Pendus à treu d'une longaigne.
Moult près va que ne te meshaingne
D'un des costés ou d'un brach destre.
Retourne tost, si di au Prestre
Qu'il le m'envoist sans nule atente,
Et si meche au conte s'entente
C'adont li deverai .x. livres
Et .v. saus cuites et delivres. »

Lors retourna grant duel faisant,
Lui et sa vie despisant,
Et maintenant en la cambre entre ;
Par les boiaus et par le ventre

Jure, et puis dist ainsi au Prestre :
« Sire », fait-il, « ne poroit estre ,
Car Mesire veut vostre amie,
Dame Avinée le chavie,
Que tous li mons devroit amer. »
Qui dont oïst caitif clamer
Le las de Prestre à li méisme ;
A li tenche, à li estrive,
Com chiux qui a moult grant engaigne :
« Hélas ! » fait-il, « comme gaaingne
Fait chix qui autrui veut dechoivre ;
Tex cuide sour autruï boire
Qui boit sour li, sour sa compaingne,
Et trueve bien après gaaingne
Aussi com j'ai fait à le moie. »
 Sour l'esponde du lit s'apoie
Com chiex qui moult estoit courciés :
« Dame Avinée, mes péciés, »
Fait-il, « m'a engingné et nuit.
Car alés faire le deduit
Le Chevalier et ses talens.
— Sains Martins, c'om aore à Sens,
Sire, » fait-elle, « me maudie,
Quant jà irai jour de ma vie ;
Et, se je sui abandonnée
Par vous, ne par autrui menée
Outre mon gré, che sai jou bien
Que ne m'amés de nulle rien.
— Amie, si fach, et vous de quoi
De che qu'avés eü de moi

Souvent mainte peliche grise,
Maint boin mantel, mainte chemise,
Et maint sercot et mainte bote,
Mainte afulure et mainte cote,
C'onques ne vous cousterent rien,
Et pour che devés garder bien
Ma foi qu'ele ne soit mentie.
— Vo foi! Vo male convoitie
Vous a honnit et moi conchiet.
— Par le cuer Diu, il vous convient, »
Fait li Prestres, « comment qu'il aille,
Aler au Chevalier sans faille,
Et bien vous poist tout maugré vostre. »
   Dont s'est levée tout à forche
Dame Avinée, triste et mate,
Et viest .I. sercot d'escarlate
Sans plus, et si lava ses mains.
Poires, et pumes, et parmains,
A mis ou cor d'une touaille,
Tantost à l'Escuier le baille
Et .I. pochon de noble vin;
Puis prent .I. riche maserin,
Et .I. chierge qu'ele trouva,
A l'Escuier si le bailla
Tant que d'efroit l' Escuiers tremble.
Ainssi s'en vont andoi ensamble
Au Chevalier la droite voie.
   Quant voit la dame, s'ot grant joie
Et dist: « Bien veigniés vous andui. »
Dame Avinée dist à lui :

« Et vous soiés li bien trouvés,
Comme Chevaliers esprouvés
Que li mons devroit avoir chier. »
Puis li presente le pichier,
Et les parmains, et le biel fruit.
Li Escuiers ot grant deduit;
Lor aporte l'yaue à lor mains.
Ore a grant duel li Capelains,
Qui ensi voit gaster sa cose,
Et sa bouce ouvrir n'en ose
De cose nulle que il voie.

    Li Chevaliers mainne grant joie
Et dame Avinée avoec lui;
Tout a entroublié l'anui
Qu'a li Prestres et le hontage.
Au chevalier courtois et sage
A dit : « Sire, mengiés du fruit
Et buvés du vin, car je cuit
Qu'il n'a meillor en ceste ville.
Mesires vous cuide de guille
Siervir, mais vous en servés lui;
Bien a pourcachié son anui
Et sa grant honte, et sa viutanche;
C'est à boin droit se li pesanche,
Se nus n'apartenist à lui
A la viutanche et à l'anui;
Mais j'i piert et sa nièche Gille,
Que vous avés par votre guille
Corrompue et despucelée.
Mais, se la cose n'est celée,

Elle est mal baillie sans fin. »
Le fruit li baillent et le vin,
Et boivent souvent et à trait
Et dame Avinée ot jà trait.
Biel se desportent et soulacent;
Souvent s'acolent et embracent,
Et baissent souvent et menu.
 Et li Prestres au poil chenu
Les esgarde, cui moult en poise,
Mais il n'en ose faire noise.
De che n'en poise pas sa vie
Vaillant une pume pourrie;
Le lit refist à ses .II. mains,
Bas le cavech et haut les rains,
U li Chevaliers dut gésir.
Puis se despouille par loisir
Et maintenant au lit se couche
Li Chevaliers, qui bontés touche;
Biel se soulacent et deportent;
Mais durement se desconfortent
Entre l'Escuier et le Prestre,
Car en prison cuidoit bien estre
Li Escuiers pour le despense;
Li Prestres a duel et offense
Pour le viutanche et pour l'anui
Qu'il a pour soi, nient par autrui;
Ensi font lor pensé divers.
 Et li frans Chevaliers apers
Fait de la dame son plaisir
Tout belement et par loisir,

Tant que sour li est tout lassés,
Et, quant il sot qu'il fu assés,
Li dist : « Dame, vous en irés
A vo Seignor et si ferés
Che qu'il vorra, car c'est droiture.
Mais ne tenés mie à laidure
Se je refus vo compaingnie. »
Cele qui fu bien enseignie
Respont : « Vous ferés vo talent. »
Et li Chevaliers erraument
La dame à l'Escuier rebaille,
Que renvoier le veut sans faille
Au Prestre, qui moult se démente.
Dame Avinée en fu dolente
Et fait semblant de femme irie :
« A Dieu, le fil Sainte Marie,
Sire », fait-elle, « vous otroi,
Si com je pense en boine foi
Qu'il vous deffende de pesanche,
Et d'encombrier et de nuissanche,
A tous les jours de votre vie.
— A Dieu voisiés vous, douce amie, »
Fait li Chevaliers, « qui vous gart,
Consaut et aït et regart,
Et vous doinst boine destinée ! »
 Atant s'en va dame Avinée
Vers le Prestre la droite voie,
Et li Escuiers le convoie
Et prent congié courtoisement,
Puis se retourne isnelement

Pour reposser et pour dormir
Tout bielement et par loisir.
Mais autrement iert qu'il ne cuide,
Car dame Avinée s'est mute
Moult durement à noise faire;
Qui dont l'oïst noisier et braire,
Tenchier et estriver au Prestre :
« Haï ! Haï ! Sire Selvestre,
Com vous avés bien pourcachie
La honte qui vous est venie,
Que vostre amie avés perdue
Et vostre nièche avés vendue,
Pour avoir, à .i. estrange homme.
Tout li cor saint qui sont à Romme
Puissent le vostre cors confondre !
On vous devroit ardoir ou tondre
Com fol, et baillier grant machue. »
Dont a tel caut que trestout sue
Li faus Prestres de fine honte.
Dame Avinée tout li conte
Sa mauvaisté et sa pesanche :
« Pour les plaies et pour le panche, »
Fait celle, « se femme n'estoie
Et à la honte ne perdoie,
Je diroie par tout le mont :
Vo convoitise vous confont,
Vo convoitise vous sousprent,
Vo convoitise vous esprent
Aussi com li fus fait la raimme.
Caitis et convoiteus se claime. »

Ensi le maistrie et travaille,
Et li Prestres la sourde oreille
Fait aussi que se n'oïst rien.
Adès se taist, et cele bien
De sa parole le lesdenge;
Dieu jure bien et bien calenge
Que mais sa mie ne sera
Ne jamais ne le servira :
« Tant comme j'aie l'ame el cors.
— Dame Avinée, vos effors »,
Fait li Prestres, « est en mal dire.
— Mais, merchi Dieu, nus n'en est pire
N'est pas pour vous, mais Diex ne veut,
Et pour che que li cuers me deut
De la honte que j'ai éue.
— Et vous estes bien esméue
En maudire et en lesdengier,
Si vous cuidiés en moi vengier
De la joie que vous menastes
Quant o le Chevalier mengastes;
Mais, se Dieu plaist, n'en ferés mie,
Et si dites bien que m'amie
Ne serés mès, si com je cuit;
Dès ore voeil que sachent tuit
Trestout li voisin du visnage.
— Ha! Dieu! » fait-elle, « quel damage!
Se je piert mon seigneur le Prestre,
Autressi boin jamais à estre
Ne trouverai jour de ma vie.
Haï! » fait-elle, « votre envie

A honnie moi et Gillain.
Dehait amours de capelain,
Ne qui l'aimme par mi le col,
En la fin s'en tient on pour fol,
Et je si me retienc à fole. »
Et li Prestres ceste parole
Li laisse dire, si s'acoise ;
A tant si abaisa la noise
Qui est entre li et s'amie.
   Li Chevaliers n'oublia mie
Son marchiet ne sa couvenenche ;
Li Escuier sans demouranche
Apielle ; chieus saut de son lit :
« Que vous plaist, Sire ? — Mon délit
Di au Prestre qu'il veigne faire,
Sans atargier et sans atraire.
— Vo délit, biaus sire, de quoi ?
— De che que gésir viegne o moi
Si le [foutrai] .iii. fois u .iiii.
— De Diu me saing, *filium patre;*
Faites le crois, seigniés vous, Sire !
Comment osastes vous che dire ?
— Osai, pour quoi ? — Cose despite !
Che n'afiert fors que sodomite.
— Si fait, musars, » fait-il, « à moi.
Je le foutrai, foi que te doi, »
Fait li Chevaliers hautement,
« Car il est mieus peus voirement
Que ne soit encore s'amie.
Encore a il dessous l'eskine

.IIII. doie de crasse poure.
— Sire, c'est tout contre nature, »
Fait li Escuiers, « que vous dites.
Saingniés vous du saint Esperite ;
Votre maniere avés perdu.
— Fix à putain, vilain pendu, »
Fait li Chevaliers, « je l'aurai !
Mais alés tost, sans nul delai,
Au Prestre, si le m'amenés ;
Et, se vous sans li revenés,
Je vous ferai honte du cors. »
 Dont s'en va chiex à grant effors
Vers le Prestre la droite voie,
Tristes et mournes et sans joie,
Si li dist : « Ne m'en voeil retraire,
Biaus ostes, je ne m'en puis taire
Que mon message ne vous die,
Qui qui le voeille le desdie,
Que Mesires le vous commande,
Que vous semont par moi et mande
Que son convenant li tiesniés
Et c'avoec li gésir veingniés,
Que de vous veut son voloir faire.
Au mains sache vous puet atraire,
Se de convenant li fallés ;
Pour chou estuet c'à li allés,
Si vous foutra .III. fois ou .IIII.
— Le mort me prengne et puis abatre, »
Fait li Prestres, qui s'en vergoigne,
« Quant je irai pour tel besoigne ! »

Tout li samble que che soit soinge;
Arrier se trait, de li s'eslonge,
Et si se sainne demanois.
Iriés, angouissieus et destrois
Fu li Prestres pour le nouviele :
« Amis », fait-il, « en lui cancele
Maufès, qui emaint lui esploite.
Portons i l'yaue benoite,
L'estole, le crois et l'encens,
Car je cuit qu'il est hors du sens.
— Del sens je ne saige pour voir;
Mais qui li donroit grant avoir
N'es prendroit-il qu'i ne jéust
A vous, pour c'avoir vous péust;
Et je cuit k'il vous ara bien,
Car par devant sour toute rien
Fu itele vo couvenenche;
Mais alés tost, sans demourance
A mon Seigneur droit à son lit
Faire son boin et son delit,
Que li retraires n'i vaut rien. »
　Or voit li Prestres et set bien
Que dechut l'a sa convoitise :
« Hé! las, » dit-il, « bien me justiche
Convoitise, qui mal me maine.
Ensi ai pourcachié ma paine
Et mon anui et ma grant honte.
Las! caitis; or ne sai que monte
Convoitise, s'on ne l'asaie. »
Ensi se doulouse et esmaie

Li Provoires, chiere dolente;
Ensi se demaine et demente,
Fait comme .1. hons desconseilliés :
« Amis, forment m'enulliés
Vous et vos sires à grant tort.
— Non faich, se Dix me gart de mort, »
Fait li Escuiers, « car avant
Mist bien Mesires en convent
Qu'à son talent servis seroit
De tous les mès que il sauroit
Que vous ariés en vo baillie;
Et vous estes, bien sans faillie,
En votre main, nient en l'autrui;
Por che estuet c'aliés à lui.
— Amis, » fait-il, « onc je n'iroie,
Qui me donroit Pieronne ou Roie,
Nevers, ne La Karitet toute,
Par ensi soit que il me foute.
Mais va arriere, si li conte
Que ses .x. livres que il conte
Li clainc cuites en boine foi,
Par si que il claint cuite moi,
Ne qu'il plus honte ne me kière;
S'ensi le fait, ses amis ère. »
Dont ot li Escuiers grant joie,
Si saut, et bale, et tous se ploie,
Et chante cler comme seraine;
.IIII. saus fait à une alainne,
Tant que il vint à son Seignour.
Si dist : « Sire, joie ai grignour,

Que je grant piece eüe n'ai,
Car cuites estes, bien le sai,
Du convenant et des .x. livres.
Alés vous en poés delivres,
Se cuiter volés le Provoire.
— Par saint Otrise et par saint Floire,
Fait li Chevaliers, « je n'ai cure
Que le cuitaise à nesun fuer
Pour .x. livres. Mais va arrière.
Que Dix maudie vostre chière
Quant vous revenistes sans lui.
Pues va! — Que ne vous faich anui
De la riens que plus avés chière. »
Dont s'en retourne chiex arrière
Tristes et mournes, sans areste.
  Au Prestre vint, dreche la tieste,
Si li dist: « Ostes, moult me poise
De la tenchon et de la noise
Que j'ai anuit pour vous souferte,
Et plus me poise de la perte
Que mes drois Sires fait de s'ame
Pour vostre nièche et pour vo femme,
Et pour moi et pour vous ensamble.
Aler vous convient, ce me samble,
A mon seignour, qui vous veut foutre,
Qui a le vit plus lonc d'un coutre;
Mais je ne sai que il veut faire. »
Adont s'espurge et esclaire
Li courages dame Avinée:
« Ce soit à boine destinée,

Sire, que vous foutus serés ;
Si Diu plaist, vous engroisserés, »
Fait cele; « s'en gerrés en mai.
— Dame, » fait li Prestres, « ne sai ;
De ce me puet bien Dix garder.
— Cierte, on vous deveroit larder, »
Fait-elle, « quant vous devéastes
Vostre ostel, et ne herbregastes
.I. gentilhomme par frankisse.
Or voi que vostre convoitisse
L'a herbregié et vous honni ;
Huimais serons nous tout honni
A paiement recoivre et prendre.
De duel deveriés par mi fendre.
Engingnié vous a convoitise,
Mais, s'il alast par droite assise,
Je n'i perdisse riens, ne Gille.
Ciertes partout, je le desille
Vo grant anui et vo contraire,
Viellars quemuns et deputaire,
Qui tel vilonnie fesistes,
Qui vostre ostel escondesistes
Par frankise à .I. gentilhomme
Et cuidastes à la personne
Entrepartie de son avoir
A tort et au pechiet avoir.
Mais non arés, moult en faura
Et chi près n'iert cui n'en chara
De votre anui ne de cest conte ;
Cheste despense et icest conte,

Je cuit, achaterés moult chier.
Levés tost sus, alés couchier
Avoec le Chevalier gentil.
S'enchargerés anuit .I. fil,
Se Diu plait et sainte Esperite.
— Dame Avinée, tel merite, »
Fait li Prestres, « doi-ge recoivre?
— Comment? » fait-elle. « Ne doit boire
Le vin malveis qui tel le brasse?
Or avés-vous si grant amasse
Anuit pour vostre grant despense. »
 Et li Provoires se pourpense
C'au Chevalier donra .x. livres.
Ains que de li ne soit delivres.
Itele est la pensée au Prestre,
Et, se du plait povoit fors estre,
Moult li seroit avenu bien.
A cel Seignor, qui toute rien
Fist et forma, veue et promet,
Se Jhesu en boine le met,
Que tousjours mais herbergera
Et ses osteus connus sera
Pour l'amour Diu et par frankisse,
Si que jà riens n'en sera pire
De despense qui laiens soit.
Ensi jure che qu'il pensoit
Li Provoires pour quites estre.
 Dont dist li Escuiers au Prestre :
« Venés vous en sans delaiier. »
Dist li Prestres à l'Escuier :

« Amis, par Dieu, onc je n'irai :
Ne jà, se Diu plaist, ne serai
En liu de femme desous homme,
Par tous les sains qui sont à Romme,
Et par saint Pol et par saint Pierre,
Foi que doi l'ame de tom pere
Dont Dix faiche boine merchi,
Car atent .1. bien poi, ami ;
Fai moi honneur et amisté,
Et je t'en sarai mout boin gré.
Sauve t'onnour et moi ma honte ;
Va à ton Seignor, si li conte
Pour saint Jake et pour saint Martin
Que il .x. livres le matin
Ara cuites et sa despense. »
 Tantost li Escuiers s'apense
Et voit bien, et bien s'aperchoit
Comme ses Sires le dechoit
Et bien voit que engingnié l'a
Ne pour che encor pas n'ira :
« Sire, » fait-il, « je n'irai mie ;
A grant anui, à felonie
Me feroit tost et lais du cors
Mesires, qui est grans et fors,
Et grant honte me vorroit faire. »
Dont jure sour son saintuare
Li Prestres et sour tous ses livres
Que il n'a deniers que .x. livres
En son ostel, mais ne pourquant
Li doivent deniers li auquant,

Li uns .vii. mars, li autres .xx.
 Li Escuiers sa voie tint,
Quant ot oï celle parole,
A son Seignor vint, si l'acole ;
Biel et courtoisement li conte :
« Volés, Sire, que je vous conte
Toute la vérité vostre oste,
Qui m'a tenu à grant escole,
Et dist que, s'il estoit delivres,
Il vous bailleroit les .x. livres,
Et qu'il fust cuites de sa foi.
Il n'a, dist-il, avoecque soi
Or ne argent que ces .x. livres.
Juré le m'a sour tous ses livres
Et par bonne foi comme Prestres. »
— Mandé m'a che sire Selvestres ? »
Fait li Chevaliers. — « Oïl, Sire.
— Va dont, » dist-il ; « or li pues dire
Que .x. livres m'envoit avant,
Si sera cuites du convent. »
 Lors s'en retourne cil arrière
Baus et joians à lie chière,
A grant fieste et à grant deport :
« Arrivés estes à boin port,
Foi que doi vous, Sire Selvestre, »
Fait-il. — « Adont, » respont le Prestre,
Comment, amis, sui-ge delivres ?
— Oïl », fait-il ; « mes que .x. livres
Envoiés mon Seignor avant,
Si serés cuites du convent. »

Dont est si liés qu'i baise terre
Li Prestres, et puis dessière
Sa queste et ses deniers en trait ;
Ne garde l'eure qu'il ait fait ;
Moult forment se haste et esploite,
Com chius qui moult avoit grant coite
De soi metre fors de tenchon.
Lors met l'Escuier à raison :
« Amis, enten à ma raison ;
Pour ce qu'il n'i ait souspechon, »
Fait li Prestres, « je irai à lui. »
Dont s'en vont maintenant andui,
Et passent l'uis et le planchier,
Tant k'il vienent au Chevalier
Qui se gisoit desous sa coste

. . . .

« Sire, Dix vous doint boine nuit,
Et de cose qu'il vous anuit
Vous deffenge par sa poissanche !
— De mal, d'anui et de pesanche
Deffenge vous, Sire Selvestre.
Comment », fait-il, « ne puet-il estre
Que vous vengniés gésir o moi ?
— Non, biau Sire, foi que je vous doi ;
Je voeil qu'il ne soit avenu
Pour aperdre le poil kenu
Que j'ai en la barbe et el chief ;
Mais or ne vous soit mie grief,
Car .x. livres arés avant.
— Or soiés cuites du convent, »

Fait li Chevaliers, « en tel guise
Que votre ostel ne vo servige
Ne verés ne clerc ne laï.
— Foi que doi saint Nicholaï. »
. . . .
Ensi li créanta la foi
Que sa vie ensi usera
Et que tousjours herbregera,
Trestous les jours k'il est en vie,
Sans barat et sans trecherie,
Ne jamais jour de son ael
Ne vééra le sien ostel.
   A ces paroles leur ajourne
. . . .
Ains se lieve la matinée
C'onques n'i a fait demourée
Et puis se viest et si s'atourne,
Et ses Escuiers l'araisonne :
« Sire, vous en volés aler?
— Ore, » fait-il, « sans demourer. »
S'espée a-il tout errant prise
Et la siele li fu tost mise.
Ore s'en va li Chevaliers,
A tout .x. livres de deniers.

Explicit.

XXXV

DE GUILLAUME AU FAUCON.

Bibl. nat. Man. Fr. 19,152 (ancien 1830,
fonds Saint-Germain), f° 60 r° à 62 v°.

Qui d'aventure velt traiter,
Il n'en doit nule entrelaisser
Qui bonne soit à raconter :
Or en vorrai d'une palier.
Jadis estoit .I. damoiseax
Qui molt estoit cointes et beax;
Li vallez ot à non Guillaumes.
Cerchier péust-on .XX. réalmes
Ainz c'on péust trover si gent,
Et s'estoit molt de haute gent.
Il n'estoit mie chevaliers;
Vallez estoit. VII. anz entiers
Avoit .I. chastelain servi;
Encor ne li avoit meri
Li service qu'il li faisoit :
Por avoir armes le servoit.
Li vallez n'avoit nul talent
D'avoir armes hastivement;
Si vos dirai raison por qoi :
Amors l'avoit mis en effroi;

La feme au chastelain amoit,
Et li estres molt li plaisoit,
Quar il l'amoit de tel maniere
Qu'il ne s'en pooit traire arriere.
Si n'en savoit cele nient
Qu'il l'amast si destroitement.
S'ele seüst que il l'amast,
La dame molt bien se gardast
Que lui parlast en nule guise.
De cest feme trop mal aprise
Ne vos en mentirai noient;
Quant feme set certainement
Que home est de s'amor espris,
Se il devoit arragier vis,
Ne vorroit-ele à lui parler;
Plus volentiers iroit joer
A un vill pautonier failli,
Qu'el ne feroit à son ami.
S'ele l'aime de nule rien,
Si m'aïst Diex, ne fait pas bien;
La dame qui ainsi esploite,
De Diex soit-ele maléoite,
Quar ele fait molt grant pechié.
Quant el a l'ome entrelacié
Du mal dont en eschape à peine,
Ne doit pas estre si vileine
Que ne li face aucun secors,
Puis qu'il ne puet penser aillors.
Reperier vueil à ma raison.
    Guillaumes a s'entencion

Et s'amor en la dame mise.
Mis l'a Amors en sa justise,
Soffrir li estuet grant martire.
   De la dame vos voldrai dire
.I. petitet de sa beauté.
La florete qui naist el pré,
Rose de mai ne flor de lis,
N'est tant bele, ce m'est avis,
Com la beauté la dame estoit.
Qui tot le monde cercheroit,
Ne porroit-on trover plus bele,
Ne el Realme de Castele,
Où les plus belles dames sont
Qui soient en trestot le mont.
Si vos dirai ci la devise
De sa beauté par soutill guise :
Que la dame estoit plus très cointe,
Plus très acesmée et plus jointe,
Quant el est parée et vestue,
Que n'est faucons qui ist de mue,
Ne espervier, ne papegaut.
D'une porpre estoit son bliaut,
Et ses menteaus d'or estelée,
Et si n'estoit mie pelée
La penne qui d'ermine fu ;
D'un sebelin noir et chenu
Fu li menteax au col coulez,
Qui n'estoit trop granz ne trop lez,
Et, se ge onques fis devise
De beauté que Dex eüst mise

En cors de feme ne en face,
Or me plaist-il que mes cuers face
Où jà n'en mentirai de mot.
Quant desliée fu, si ot
Les cheveuś tex qui les veïst,
Qu'avis li fust, s'estre poïst,
Que il fussent tuit de fin or,
Tant estoient luisant et sor.
Le front avoit poli et plain,
Si com il fust fait à la mein,
Sorciz brunez et large entr'ueil;
En la teste furent li œil
Clair et riant, vair et fendu;
Le nés ot droit et estendu,
Et mielz avenoit sor son vis
Le vermeil sor le blanc assis,
Que le synople sor l'argent;
Tant par seoit avenanment
Entre le menton et l'oreille;
Et de sa bouche estoit vermeille,
Que ele sanbloit passerose,
Tant par estoit vermeille et close;
Et si avoit tant beau menton,
N'en puis deviser la façon;
Neïs la gorge contreval
Sanbloit de glace ou de cristal,
Tant par estoit cler et luisant,
Et desus le piz de devant
Li poignoient .II. mameletes
Auteles comme .II. pommetes.

Que vos iroie-ge disant?
Por enbler cuers et sens de gent
Fist Diex en lui passemerveille,
Ainz mais nus ne vit sa pareille.
Nature qui faite l'avoit,
Qui tote s'entente i metoit,
I ot mise et tot son sens,
Tant qu'el en fu povre lonc tens.
De sa beauté ne vueil plus dire.
  Un jor estoit alez li sire
Li chastelains por tornoier,
Son pris et son los essaucier;
En .I. loigtieng païs ala,
Molt longuement i demora,
Quar molt ert riches et poissanz.
Chevaliers mena et serjanz
A grant foison ensanble o lui.
En sa route n'avoit celui
Qui ne fust chevaliers esliz;
Li plus coarz estoit hardiz.
Guillaumes ert en grant effroi;
Ne volt pas aler au tornoi,
Ençois amoit mielz le sejor.
A l'ostel fu; li Diex d'amors
Si l'a sorpris ne sait que faire,
Et si n'en set à quel chief traire
Du mal qui ainsi le destraint.
A soi méisme se complaint :
« Hé! las », dit-il, « mal-eürez,
De si male heure ge fui nez,

En tel leu ai mise m'amor;
Jà ne porrai veoir le jor
Que ge soie à ma volenté!
Trop longuement ai voir celé
Mon cueur vers lui, ce m'est avis;
Se ge por lui toz jors languis,
Qu'el ne le saige, c'est folie.
Il est bien droiz que ge li die;
Bien sai grant folie feroie,
Se ge par tens ne li disoie.
Ainsi porroie-ge amer
Totes les femes d'outre mer.
Tu li diras... Que diras-tu?
Tu n'auras jà tant de vertu,
Que tu ne l'oseroies dire
Que por lui fusses en martire.
Ge li dirai bien par mon chief,
Mais le comencement m'est grief.
Tant li dirai que ge l'aim bien,
Jà n'i doie-ge faire rien. »
Guillaume dit : « Ne sai que faire,
Bien m'en cuidoie arriere traire
Quant ce vint au comencement.
Amors m'eschaufe, Amors m'esprent. »
Guillaumes s'est lors enhardiz;
Molt volentiers, non à enviz,
Si est en la sale venuz.
Coiement, sanz faire granz huz,
Il boute l'uis, en la chambre entre,
. . . .

Aventure li adona
Que la dame seule trouva.
Les puceles totes ensanble
Erent alées, ce me sanble,
En une chanbre d'autre part.
Ne sai lioncel ou liépart
Cousoient en un drap de soie;
Entr'eles menoient grant joie;
Ce ert l'ensaigne au chevalier.
Guillaume ne se volt targier.
    La dame seoit sor .1. lit,
Plus bele dame onques ne vit
Nus hom qui de mere soit nez.
Guillaumes fu toz trespenssez
Où voit son leu, molt li est tart,
La dame fait .1. doz regart,
Guillaumes et puis la salue.
Ele ne fu mie esperdue,
.I. molt beax ris li a gité,
Tot en riant l'a salué :
« Guillaume, » dit-el, « or avant. »
Cil li respont en soupirant :
« Dame, » fait-il, « molt volentiers.
— Séez-vos ci, beax amis chiers. »
La dame point ne se gardoit
Du coraige que cil avoit,
Quant son chier ami l'apela;
S'el le séust, n'en pallast jà.
Guillaumes s'est el lit assis
Joste la dame o le cler vis

Rit et parole et joe à li,
Et la dame tot autresi.
De mainte chose vont pallant,
Guillaume fait .I. soupir grant :
« Dame, » fait-il, « or m'entendez,
En bonne foi quar me donez
Conseil de ce que vos diroie.
— Dites, » fait-ele, « ge l'otroie.
— Se clers ou chevaliers amoit,
Borjois, vallez, que que il soit,
Ou escuiers meïsme ensanble,
Dites moi que il vos en senble,
S'il aimoit dame ou damoisele,
Reïne, contesse ou pucele,
De quele guise qu'ele soit,
De haut liu ou de bas endroit;
Il aura bien .VII. anz amée;
Itant aura s'amor celée,
Ne ne li ose encore dire
Que por lui soit en tel martire,
Et très bien dire li porroit
Se tant de hardement avoit
Assez aisement et loisir
De son coraige descovrir.
Or me dites vostre pensée;
Puisqu'il a tant s'amor celée,
Itant vorroie-ge savoir
S'il a fait folie ou savoir.
— Guillaume, » dit-ele, « endroit moi
Dirai molt bien si com ge croi.

Ge ne l'en tieg mie por saige
Que ne li a dit son coraige,
Puis que il puet parler à lui.
Ele eüst de lui merci,
Et, s'ele amer ne le voloit,
Certes grant folie feroit
Se por lui entroit puis en peine.
Mais, dès qu'Amors si le demeine
Qu'il ne s'en puet arriere traire,
Itant li loerai-je à faire
Que li die seürement ;
Amors demande hardement.
Un jugement droit vos en faz :
Cil que Amors a pris au laz,
Ne doit pas estre acoardi ;
Seürs doit estre et hardi.
Se ge ère d'amor esprise,
Foi que ge doi à saint Denise
Diroie li comme hardie.
Itant li lo-ge que li die ;
S'ele le velt amer, si l'aint. »
   Guillaumes a jeté .I. plaint ;
En soupirant li respondi :
« Dame, » fait-il, « véez le ci
Cil qui a trate ce dolor
Tant longuement por vostre amor.
Dame, ne vos osoie dire
Ne la dolor ne le martire
Que g'ai tant longuement sofferte.
A grant paine l'ai descoverte ;

Ma douce Dame, à vos me rent,
Tot à vostre commandement;
Sui mis en la vostre menoie.
Dame, garissiez moi la plaie
Que g'ai dedenz le cors si grant.
Il n'est voir nul homme vivant
Qui me peüst santé doner.
D'itant me puis-ge bien vanter
Ge sui tot vostre et fui et iere;
En plus doulereuse maniere
Ne pot onques vivre nus hom.
Dame, ge vos requier par don
Que me faciez de vostre amor,
Por qoi ge sui en tel error. »
La Dame entent bien que il dit,
Mais tot ce prise molt petit;
Elle li respondi itant
Ne pris .I. seul denier vaillant
Ce qu'el oï Guillaume dire;
Ele li conmença à dire :
« Guillaume, dist-ele, est-ce gas?
Ge ne vos ameroie pas,
Vos gaberoiz encor autrui.
Onques mais gabée ne fui,
Par mon chief, com vos m'avez ore.
Se vos me pallioiz encore
De ce que vos m'avez ci dit,
Ne remandroit, se Diex m'aïst,
Que ge ne vos feïsse honte.
Ge ne sai riens que amors monte,

Ne de ce que vos demandez.
Beax sire, quar vos en alez,
Fuiez de ci, alez là fors ;
Gardez que mais li vostre cors
Ne viegne mais là où ge soie.
Molt en aura certes grant joie
Mes sires quant il le saura !
Certes, tantost com il vendra,
Li dirai-ge ceste parole
Dont vos m'avez mis à escole.
Molt me sanblez musarz et fox ;
Maldahez ait parmi le cox,
Sire, qui ci vos amena !
Beax amis, traez-vos en là. »
Et quant Guillaumes ce oï,
Sachiez que molt fut esbahi ;
De ce qu'il ot dit se repent.
Onques ne respondi noient,
Tant fu dolenz et esbahiz.
« Hé ! las, » fait-il, « ge sui trahiz. »
 De ceste chose me sovient
Que li mesaiges trop tost vient,
Qui la male novele aporte.
Amors li commande et enorte
Qu'encore voist paller à lui ;
Ne la doit pas laisser ainsi.
« Dame, » dit-il, « ce poise moi
Que ge n'ai de vos autre otroi,
Mais vos faites molt grant pechié,
Quant vos m'avez pris et lié,

Et plus mal faire me baez;
Ociez moi si vos volez.
De vostre amor vos ai requise;
.I. don vos pri, par tel devise
Que jamais jor ne mengerai
Jusqu'à cel eure que j'aurai
Le don eü de vostre amor,
Dont ge sui en itel error. »
Dist la Dame : « Par saint Omer,
Molt vos covient à jeüner
Que se devant lors ne mengiez
Que vos aiez mes amistiez.
Ce n'ert, si com j'ai en pensé,
S'erent soiez li noveau blé. »
Guillaumes fors de la chambre ist;
Onques point de congié ne prist.
.I. lit a fait appareillier,
Lors si i est alez couchier.
Quant il se fu couchié el lit,
Si se reposa molt petit.
    Trois jors toz pleins en son lit jut,
Onques ne menga ne ne but;
Près fu du quart en tel maniere.
Molt fu la dame vers lui fiere
Qu'ele nel' daigna regarder.
Bien sot Guillaumes geüner
Qu'il ne menja de nule chose.
Son mal qu'il a point ne repose;
Tant le destraint et nuit et jor
Tote a perdue la color.

S'il amegrist n'est pas merveille;
Riens ne menjue et toz jors veille.
Guillaumes est en grant effroi
Quant li hueil li tornent .i. poi;
La dame, qui tant par est gente,
Ce li est vis que il la sente
Entre ses bras dedenz son lit,
Et qu'il en fait tot son delit.
Tant com ce dure est molt a èse,
Quar il l'acole et si la baise;
Et, quant cel avision faut,
Donques soupire et si tressalt;
Estent ses braz, n'en treuve mie;
Fols est qui chace la folie.
Par tot son lit la dame quiert;
Quant ne la trueve, si se fiert
Sor la poitrine et en la face.
Amors le tient, Amors le lace,
Amors le tient en grant torment.
Il vosist que plus longuement
Li durast cel avisions,
Le Dieu d'amors le r'a semons
De froit avoir et de tranbler.
 Du chastelain vorrai parler
Qui revient du tornoiement;
Ensamble o lui ot molt grant gent.
Atant ez vos .i. escuier
A la dame venu noncier
Que se sires vient du tornoi.
.Xv. prisons enmaine o soi,

Chevaliers riches et puissanz;
Li autres gaainz est molt granz.
La dame entendi la novele;
Molt par li fu joieuse et bele,
Molt par en est joianz et liée.
Tost fu la sale apareilliée,
Et mengier fist faire molt gent;
Molt fist bel apareillement
La dame encontre son seignor.
Guillaumes fu en grant freor;
Et la dame se porpensa
Que à Guillaume le dira
Que ses sires vient du tornoi;
Demander li vorra por qoi
Il est si fox qu'il ne menjue.
Droit à son lit en est venue;
Grant piece fu devant son lit;
Onques Guillaumes ne la vit.
   Dont l'a apelé par son non;
Il ne li dit ne o ne non,
Quar toz en autre siecle estoit.
Elle l'a bouté de son doit,
Et si le husche .i. poi plus haut.
Quant il l'entent, toz en tressaut,
Quant il la sent, toz en tressue,
Quant il la voit, si la salue :
« Dame, bien soiez-vous venue
Comme ma senté et m'ajue;
Dame, » fait-il, « por Dieu vos pri
Que vos aiez de moi merci. »

Itant la dame respondi :
. . . .
« Guillaume, foi que ge vos doi,
Vous n'aurez jà merci par moi
En tel maniere com vos dites.
Rendu avez males merites
A mon seignor de son servise,
Quant vos sa feme avez requise.
Amez le vos de tel amor?
Jà ne porroiz veoir le jor
Que vos m'aiez en vo baillie;
Mais vos faites molt grant folie,
Guillaume, que vos ne mengiez.
Quant vos ainsi vos ociez,
La vostre ame sera perie,
Quar ge ne vos donroie mie
Le don que vos me demandez.
Faites le bien, si vos levez,
Que mes sires vient du tornoi.
— Par cele foi que ge vos doi
Ge ne gart l'eure que il viegne.
— Se Diex, » fait-ele, « me sostiegne,
Il saura por qoi vos gisez,
Si que jà n'en eschaperez.
— Dame, » dist-il, « ce n'a mestier,
Por trestoz les menbres trenchier,
Que ne mengeroie jamès.
J'ai sor le col un si grant fès
Nel' puis jus metre ne descendre.
Vers vos ne me puis-ge deffendre;

Por jeüner ne por morir,
Dame, dites vostre plaisir. »
Atant la Dame s'est partie
De Guillaume sanz estre amie ;
En la sale en est retornée,
Qui fu richement atornée,
Et les tables basses assises,
Et les blanches napes sus mises,
Et anprès les mès aportez,
Pain et vin, et hastes tornez.
   Lors sont venu li chevalier,
Et sont tuit assis au mengier,
Et plus très bien furent servi
C'on ne porroit raconter ci.
Le Sire et la Dame menja ;
Parmi la sale regarda
Se Guillaume veïst venir
A son mengier por lui servir.
A molt grant merveille le tint
Que Guillaumes à lui ne vint.
« Dame, » dit-il, « en bone foi
Me sauriez-vos dire por qoi
Guillaumes n'est à moi venuz.
— Il est trop cointes devenuz, »
Dit la Dame ; « gel' vos dirai ;
De mot ne vos en mentirai.
Il est malades d'un tel mal
D'ont jà n'aura medecinal,
Si com ge cuit, en nule guise.
— Dame, » fait-il, « par saint Denyse,

Moi poise qu'il a se bien non. »
Mais, s'il seüst bien l'aqoison
Por qoi Guillaumes se geüst,
Jà du lit ne se remeüst.
Il ne le set encore pas,
Il i a un molt fort trespas.
Ge cuit à toz tens le saura,
Que la dame li contera
La parole, s'il ne menjue,
Por qoi la teste aura perdue.
   Lors ont monté li chevalier;
La dame ne volt plus targier.
Son seignor prist par le mantel,
Et dit : « Sire, molt me merveil
Que Guillaume n'alez veoir.
Vos devriez très bien savoir
Quel mal ce est qui le destraint;
Encore cuit-ge qu'il se faint. »
Lors i sont maintenant alé;
Guillaume ont trouvé trespensé.
Li Sires et la Dame vient
Devant Guillaume, qui ne crient
La mort qu'il a à trespasser,
Qu'il ne velt mais plus andurer
Ne tel martire, ne tel paine;
Bien velt la mort li soit prochaine.
Li sires s'est ageloigniez
Devant Guillaume vers les piez;
De ce fist-il conme frans hom;
Doucement le mist à raison.

« Guillaumes, dites, beax amis,
Quex maus vos a ainsi sorpris;
Dites moi conment il vos est.
— Sire, » fait-il, « malement m'est.
Une molt grant dolor me tient;
Une goute, qui va et vient,
Me tient ès menbres et el chief;
Ge ne cuit que jamais en lief.
— Ne porriez-vos menger ne boivre?
— Ge nel' porroie pas reçoivre
Nule riens c'onques Diex feïst. »
La Dame plus ne se tenist,
Qui la deüst vive escorchier :
« Sire, par Dieu, ce n'a mestier;
Guillaume dit sa volenté,
Mais ge sai bien de vérité
Quex maus le tient et où en droit.
Ce n'est mie du mal du doit,
Ainz est un maus qui fait suer
Ceus qui l'ont et souvent tranbler. »
Puis dist à Guillaume la Dame :
« Sire, se Diex ait part en m'ame,
Guillaume, se vos ne mengiez,
Or est li termes aproschiez
Que vos ne mengerez jamais.
— Dame, » dit-il, « ge n'en puis mais;
Vostre plaisir poez bien dire.
Ma dame estes et il mes sire,
Mais ne porroie pas mengier
Por toz les menbres à tranchier.

— Sire, » dit-ele, « or esgardez
Com Guillaumes est fox provez.
Tantost com au tournoi alastes,
Guillaume, qui ci gist malades,
Vint en ma chambre devant moi.
— Il i vint, Dame? et il por qoi?
Que fu-ce qu'il vos demanda,
Quant dedenz vostre chambre entra?
— Sire, ce vos dirai-ge bien...
Guillaume, mengeroiz-vos rien?
Ge dirai jà à mon Seignor
La grant honte et la deshenor. »
Dist Guillaume : « Nenil, par foi;
Jamais ne mengerai, ce croi. »
Lors dist li Sires à la Dame :
« Vos me tenez por fol, par m'ame,
Et por musart et por noient,
Quant ge ne vos fier maintenant
D'un baston parmi les costez.
— Avoi, Sire, » dit-ele, « ostez,
Ainz le vos dirai par mon chief.
Guillaume, » dist-el, « ge me lief,
Mengerez-vos? Ge dirai jà. »
Guillaumes donques soupira,
Et respondi piteusement,
Com cil qui grant angoisse sent :
« Ge ne mengeroie à nul fuer,
Se le mal qui me tient au cuer
Ne m'est primes assoagiez. »
Lors en ot la dame pitié,

Et à son Seignor respondi :
« Sire, Guillaumes, que vez ci,
Si me requist vostre faucon,
Et ge ne l'en voil faire don ;
Si vos dirai par quel maniere,
Qu'en vos oiseax n'ai-ge que faire. »
Dist li Sires : « Ne m'est pas bel.
J'amasse mielz tuit li oisel,
Faucon, ostoir et espervier
Fussent mort que .I. jor entier
En eüst Guillaumes geü. »
Bien a la dame deçeü.
« Sire, » dit-el, « or li donez,
Puisque faire si le volez ;
Il nel' perdra mie par moi.
Guillaume, foi que ge vos doi,
Quant messire le vos ostroie,
Molt grant vilenie feroie
Se vos par moi le perdiez. »
Guillaumes fu joianz et liez,
Quant il oï ceste raison,
Plus que ne puet dire nus hom.
Tost s'apareille et tost se lieve ;
Li maus qu'il a point ne li grieve ;
Quant il fu chauciez et vestuz,
Droit en la sale en est venuz.
Quant la dame le vit venir,
Des elz a gité .I. soupir ;
Amors li a gité .I. dart ;
Ele en doit bien avoir sa part.

Froidir li fait et eschauffer;
Sovent li fait color muer.
Dit li Sires à Guillemet :
« Il a en vos molt fol vallet
Qu'à mon faucon vos estes pris ;
G'en ai esté molt très pensis :
Ge n'en sai nul, ne fol ne saige,
Prince, ne conte de parage
Cui gel' donasse en tel maniere
Por servise ne por proiere. »
Lors a dit à un damoisel :
« Alez moi querre mon oisel. »
Cil li aporta arroment.
Li Sires par les gièz le prent;
Si l'a à Guillaume doné,
Et cil l'en a molt mercié.

Dist la Dame : « Or avez faucon ;
.II. besanz valent .I. mangon. »
Ce fu bien dit, .II. moz à un,
Que il en auroit .II. por un,
Et cil si ot ainz l'endemain
Le faucon dont il ot tel faim,
Et de la dame son deduit
Qu'il ama mielz que autre fruit.

Par la raison de cest flabel
Monstré ai essanple novel
As vallez et as damoiseax,
Qui d'Amors mainent les cenbeax,
Que, qant auront lor cuer doné
As dames de très grant beauté,

Que il la doit tot arroment
Requerre molt hardiement.
S'ele l'escondit au premier,
Ne la doit mie entrelaissier;
Tost amolit vers la proiere,
Mais que il soit qui la requiere;
Et tot ausi Guillaume fist
Qui cuer et cors et tot i mist,
Et por ce si bien en joï
Com vos avez oï ici.
Et Diex en doint ausi joïr,
Sanz demorer et sanz faillir,
A toz iceus qui par amors
Sueffrent et paines et dolors :
Si ferai je, se ne lor faut
Bon cuer. Ici li contes faut.

Explicit de Guillaume au faucon.

XXXVI

DOU POVRE MERCIER.

Bibl. nat. Man. Fr. 1593 (ancien 7615), fol. 150
v° à 152 r°.

Uns joliz clers, qui s'estudie
A faire chose de conrie,
Vous vueil dire chose novelle.
Se il dit chose qui soit belle,
Elle doit bien estre escoutée ;
Car par biaus diz est obliée
Maintes fois ire et cussançons.
Ai abasies granz tançons,
Car, quant aucuns dit les risées,
Les forts tançons sont obliées.
 Uns Sires qui tenoit grant terre,
Qui tant haoit mortel guerre
Totes genz de malveisse vie
Que il leur fesoit vilenie,
Que tot maintenant les pandoit,
Nule raenson n'an prenoit,
Fist crier .i. marchié novel.
Uns povres Merciers, sanz revel,
I vint à tot son chevallet;
N'avoit besasse ne vallet;
Petite estoit sa mercerie.
« Que ferai-je, Sainte Marie, »

Dist li Merciers, « de mon cheval?
Il a moult grant herbe en ce val,
Volumtiers pestre le manroe
Se perdre je ne le cuidoe ;
Car trop me coste ses ostages,
Et son avoinne, et ses forrages. »
Un merchant, qui l'ot escouté,
Li dit : « Jà mar seras douté
Que vos perdroiz la vostre chose
En ceste prée qui est close ;
Seur totes les terres dou monde,
Tant com il dure à la rehonde,
Ne trueve-l'on si fort justisse.
Si vos dirai par quel devisse
Vos lerroiz aler vostre beste
Commandez les piez et la teste
Au bon seignour de ceste ville
Où il n'ai ne barat ne guille ;
S'il est perduz seur sa fiance,
Je vos di, sanz nulle creance,
Vostres chevaus vos iert randuz,
Et li lerres sera penduz,
S'il est trovez en sa contrée.
Faites an ce que vos agrée,
Li miens i est deis ier à nonne,
Par foi, » dist-il, « à l'eure bone, »
Dit li Merciers : « Je l'amanrei,
Et puis ou val le lesserei. »
A Deu, à Seignour le comant,
Et en latin et en romant

Conmance prieres à feire
Que nuns ne puet son cheval treire
Du vaul ne de la praerie.
Li fiz Deu ne l'an faillit mie,
C'onques n'issist de la valée.
Une louve tote effamée
Vint celle part; les danz li ruhe,
Si l'estrangle, puis l'a mainjue.
L'andemain va son cheval querre
Li Merciers; si le trueve à terre
Gissant en pieces estandu.
« Diex! car m'eüst-on or pandu, »
Dist li Merciers, « je le vorroe,
De tote ma plus fort corroe :
Ne porrai marchiez porsuïr.
Hélas! il m'an covient foïr
De mon païs en autre terre,
Si me covient mon pain aquerre;
Et non porquant je m'an irei
Au Seignour, et se li dirai
Qu'avenuz m'est tel meschéance
De mon cheval sor sa fiance,
Veoir se il me le randroit,
Ne se il pitié l'an panroit. »
Plorant s'an vai juqu'à Seignor.
« Sire, » dit-il, « joe greignor
Vos doint-il qu'il ne m'a donée. »
Et li Sires sanz demorée
Respondit moult courtoissemant :
« Biaus amis, bon-amandemant

Vos doint Dex; por quoi plorez-vous?
— Biaus Sires, le volez-vos
Savoir? Et je le vos dirai,
Que jà ne vos an mentirai.
Mon cheval mis en vos pesture;
Si fis ma grant mesaventure,
Car li lou l'ont trestot maingié.
Sire, s'an ai le san changié.
On m'avoit dit si comandoie
A vos, et après le perdoie,
En pesture ne en maison,
Que vos m'an randriez raison.
Sire, par sainte patenostre,
En la Deu guarde et en la vostre
Le comandoi entieremant;
Si vos pri pour Deu doucemant,
Se la raison i entandez,
Qu'aucune chose m'an randez. »
Li Sires respont en riant :.
« N'alez mie por ce plorant, »
Dit li Sires, « confortez-vos.
Seur vostre foi, me direz-vos
De vostre cheval verité?
— Oïl, par Sainte Trinité.
— Ne, se jà Dex me gart d'essoigne,
Se su eüsses grant besoigne
D'ergent, por bien le donasses.
Et de coi denier ne lessases?
— Sire, par le peril de m'ame,
Ne par la foi que doi ma Dame,

Ne se-je mes cors soit essos,
Il valoit bien .LX. sols.
— Ami, la moitié de .LX.
Vos randrai-je ; ce sont bien .XXX.,
Car la moitié me comandestes,
Et l'autre moitié Deu donestes.
— Sire, je ne li doné mie.
Ainz le mis en sa commandie.
— Amis, or prenez à li guerre ;
Si l'alez guagier en sa terre,
Que je plus ne vos an randroie,
Se me doint Dex de mon cors joie.
Se tout comandé le m'eussiez,
Toz les .LX. sols reussiez. »
Li Merciers dou Seignor se part,
Et s'an vai tot droit cele part
Où il avoit sa mercerie.
Sa delour li fu alegie,
Por l'ergent que renduz li ère :
« Par la foi que je doi saint Père, »
Dist-il, « se je vos tenoie,
Ne se seur vos povoir avoe,
De vostre cors l'acheteriez,
Que .XXX. sols me randriez. »
Li Merciers ist hors de la ville,
Et jure, foi qu'i doi saint Gille,
Que moult volentiers pranderoit
Sor Deu, et si se vangeroit,
S'il an povoit le leu trover,
Que bien s'an porroit esprover.

Quant il ot sa raison finée,
Si voit venir parmi la prée
Un Moinne, que du bois se part;
Li Merciers s'an va celle part,
Se li dist : « A cui estes-vos ?
— Biaus douz Sire, que volez-vos?
Je sui à Deu, le nostre Pere.
— Hai, hai, » dist li Merciers, « biaus freres,
Que vos soiez le bien venuz.
Je soie plus honiz que nus,
Se m'achapez en nule guisse
S'an daviez aler en chemisse,
Tant que je serai bien paiez
De .xxx. solz; or tost traiex
Sanz contredit vostre grant chape.
Guardez que la main ne m'eschape
Sur vostre cors par felonie,
Car foi que doi Sainte Marie,
Je vos donrai jai tel coulée,
Que tele ne vos fu donée,
Que ne vos donesse greignour.
Je vos gage por vos Seignours;
.xxx. sols m'a fait de domage.
— Frere, vos faites grant domage, »
Dist li Moinnes, « que me tenez;
Mès devant le Seignor venez,
Qui est justise de la terre.
Nuns moinnes ne doit avoir guerre;
Se savez moi que demander,
Li Sires set bien comander

C'on doint à chescun sa droiture.
— Si me doint Dex bone aventure, »
Dist li Sires; « je vueil aler,
Mès s'il me davoit avaler,
En sa chartre la plus parfonde,
S'averai-je vostre reonde.
Bailliez la moi apertemant,
Ou, foi que doi mon sauvemant,
Vous tanroiz jai malvès sentier.
— Sires, envis ou voleintiers, »
Dit li Moinnes, « la vos donrai-je;
Vos me faites mout grant outrage. »
Cil a la chape desvestue,
Et li Merciers l'ai recoillue.
Entre le Moingne et le Mercier
Veignent au Seignour encerchier
Liquiex ai droit en la querelle.
« Sire, ce n'est pas chose bele, »
Dit li Moinnes, « c'on me desrobe
En vostre terre de ma robe.
N'est-il bien hors de mémoire
Qui mat sa main sus .I. provoire?
Sire, ma chape m'ont tolue;
Faites qu'ele me soit randue.
— Si me doint Dieux amendement, »
Dit li Merciers apertemant,
« Vos mentez, mès je vos an gage;
Je ne vos demant autre outrage,
S'an vueil le jugemant oïr.
— Ce me fait le cuer resjoïr, »

Dit li Moinnes, « que vos me dites ;
Par jugemant serai toz quites.
Je n'ai seignor fors que le Roi
De Paradis. — Par son desroi, »
Dit li Merciers, « vos ai gagié,
Et de vostre gage ostagié ;
Mon cheval li mis en sa guarde :
Morz est ; se li Mausfuès ne m'arde,
Vos an paieroiz la moitié.
— Merciers, tu es moult tot coitié, »
Dit li Sires, « de gages prandre. »
Dist li Sires : « Sanz plus estandre,
Tot maintenant je jugeroie
Du très plus bel que je sauroe.
— Por ce suemes-nos ci venuz, »
Dit li Moinnes. « Il sera tenuz »,
Fait li Sires, « ce que dirai.
— Sire, jai ne vos desdirai, »
Dit li Moinnes. « Ne je, biaus Sires »,
Dit li Merciers. Qui veïst rire
Le Seignor et sa compaignie,
De rire ne se teignist mie.
« Or antandez le jugemant, »
Dist li Sires, « communalmant,
Car tout en hault le vos dirai.
Dan Moinnes, ne vos partirai
.II. geus ; le malveis lesserez,
Et à moillour vos an tanres.
Se volez lessier le servisse
De Deu et de la sainte Yglise,

Et autre Seignour faire homage,
Vos ravez quite toz vos gages,
Et, se vos Deu servir volés
Ausi come vos solïez,
Le Mercier vos covient paier
.Xxx. sols por lui rapaier;
Or an faites à vostre guisse. »
Com li Moinnes ot la devisse,
Il vosist estre en s'abaïe;
Bien voit qu'il n'achapera mie.
« Sire, avant que Deu renoiesse
J'auroe plus chier que paiesse, »
Dit li Moinnes, « .XL. livres.
— De .xxx. sols serés delivres, »
Dist li Sires « seürement
Et porrez plus hardiemant
Prandre des biens Deu sanz outrage,
Car por lui avez cest domage. »
Li Moinnes plus parler n'an osse,
Meis je vos di à la parclosse
Paia li Moinnes dan Deniers,
Por Deu, .xxx. sols de deniers;
Por Deu les paia sanz aumosne.
Et li Sires, qui toz biens done,
Gart cels de male destinée
Qui ceste rimme ont escoutée
Et celui qui l'a devissée.
Done-moi boire, si t'agrée.

Explicit.

XXXVII

LE DIT DES MARCHÉANS

[PAR PHELIPPOT]

Bibl. nat., Man. Fr., n° 837 (anc. 7218),
f° 282 v° à 283 r°.

Quiconques veut bien rimoier,
Il doit avant estudier
A bone matire trouver
Si qu'il ne soit au recorder
De nului blasmez ne repris,
Et por ce me sui entremis
De fere .I. dit dont j'ai matiere.
Diex le me doinst en tel maniere
Fere qu'il puisse à chascun plere.
Des Marchéanz vous vueil retrere
I. dit novel, qui n'est pas granz.
Je di c'on doit les marchéanz
Deseur toute gent honorer;
Quar il vont par terre et par mer

Et en maint estrange païs
Por querre laine et vair et gris.
Les autres revont outre mer
Por avoir de pois achater,
Poivre, ou canele, ou garingal.
Diex gart toz marchéanz de mal
Que nous en amendons sovent.
Sainte Yglise premierement
Fu par Marchéanz establie,
Et sachiez que Chevalerie
Doivent Marchéanz tenir chiers
Qu'il amainent les bons destriers
A Laingni, à Bar, à Provins.
Si i a marchéanz de vins,
De blé, de sel et de harenc,
Et de soie, et d'or et d'argent,
Et de pierres qui bones sont.
Marchéanz vont par tout le mont
Diverses choses achater.

 Quant vienent de marchéander
Il font mesoner lor mesons,
Et mandent plastriers et maçons,
Et couvréors et charpentiers ;
Quant ont fet mesons et celiers,
Feste font de lor voisinage ;
Puis en vont en pelerinage
Ou à saint Jaque ou à saint Gile,
Et, quant reviennent en lor vile,
Lor fames font grant joie d'els,
Et mandent les menesterels ;

Li uns tabore, l'autre vièle;
L'autres redist chançon novele,
Et puis, quant la feste est faillie,
Si revont en marchéandie.
　Li .I. en vont en Engleterre
Laines et cuirs et bacons querre;
Li autre revont en Espaingne,
Et tels i a vont en Bretaingne
Buès et pors, vaches achater,
Et penssent de marchéander
Et reviennent de toz païs
Les bons marchéanz à Paris
Por la mercerie achater,
Et sevent moult bien demander
Et Troussevache et Quiquenpoist.
　Or escoutez, si ne vous poist :
Iluec pueent il bien trover
Toutes choses à achater
Qui à la mercerie apent,
L'or empaillolé et l'argent,
Corroies de soie, aumosnieres,
Et joiaus de maintes manières,
Cuevrechiefz crespés, melequins,
Pailes ouvrez, riches et fins,
Guimples, fresiaus, coutiaus d'yvuire,
Et maint riche joiel trefuire,
Et riches croces à evesques,
A abez et à archevesques,
Crucefiz et ymagerie
D'argent et d'yvuire entaillie.

Tout raconter ne vous porroie
Les joiaus d'argent et de soie
Et de fin or i trueve l'on.
Des autres marchéans diron.
   Il i a marchéanz de dras,
Et de toile et de chanevas,
De basane et de cordouan,
De cire, d'alun, de safran,
De dras dorez et de cendaus.
Si a marchéanz de metaus
Que l'on redoit forment amer.
Il i a marchéanz de fer,
Et si i a, que je n'oublie,
Marchéanz de peleterie,
D'ermine, de vair et de gris,
De piaus d'aigniaus et de brebis,
De poisson frès et de salé,
De fain et d'avaine et de blé,
De gaude et de waide por taindre;
Des marchéanz ne me vueil faindre.
Il i a marchéanz de plon,
Et de busches et de charbon,
D'estain, de cuivre et de métal,
D'orfaverie et de cristal,
De madre et de fust et de coivre;
Si i a marchéanz de voirre.
Encor n'ai pas tout devisé.
Marchéanz i a de filé;
Si a marchéans de forages,
De sauvagine et de poulages.

Or oiez, si ne vous anuit ;
Il i a marchéanz de fruit,
Naviaus et poriaus et letues,
De faucons, d'ostors et de grues ;
Et marchéanz de freperie,
Et de chanvre et de corderie,
Et de sarges et de tapis,
Et de ratoires à soris ;
Si i a marchéanz de lin,
De mueles de fer de molin,
De haces et de bernagoes,
De peles, de pis et de hoes,
Hotes et vanz et escueles,
Et de gates et de foisseles,
De martiaus, d'englumes, d'acier.
 Diex gart marchéanz d'encombrier,
Chandeliers, potiers, lormerie,
Marchéanz de féronerie,
De seles, d'estriers, de poitraus,
De charretes et de borriaus.
Il i a marchéanz de nois,
De feves, de veces, de pois,
De sui, d'oint, de miel et de sain,
De chandoile et de peresin.
Ne le tenez mie à eschar :
Li bouchier si vendent la char,
Et li poissonier li poisson.
Marchéanz d'uile et de coton
Et de gingembras d'Alixandre,
De jaspe et de cristal et d'ambre.

Et de trestoute espisserie.
Diex soushauce Marchéandie
Et gart marchéanz d'encombrier.
Moult ont paine por gaaignier,
Et si sont moult sovent pelez,
Mès lor biens foisonent, adès
Que Dame Diex sa grace i met.
A tant de rimer me demet.
Que Jhesucriz, li filz Marie,
Gart Marchéanz de vilonie
Et lor doinst si marchéander
Qu'en paradis puissent aler,
Et les marchéandes aussi
N'i met Phelippot en oubli.
A tant vueil ma rime finer;
Si vueil por marchéanz ourer.
Diex gart Marchéans d'anemis,
Et de tonoirre et de pris;
Et des larrons, Diex, les gardez
Que il ne soient desrobez,
Et d'encontre de fol et d'yvre
Soient tuit Marchéant delivre,
Et de la tormente de mer
Si qu'à droit port puissent aler,
Et il les deffende du dé
Qui maintes foiz m'a desrobé;
Encor ne sui pas enrobez,
Quar par le dé sui desrobez;
Se Dieu plest, je m'enroberai
Et aus Marchéanz conterai

Des diz noviaus si liement
Qu'il me donront de lor argent.
Que Jhesucrist, li filz Marie,
Doinst aux Marchéanz bone vie.
          Amen.

Explicit des Marchéanz.

XXXVIII

UNÈ BRANCHE D'ARMES

Bibl. nat., Man. Fr., n° 837 (anc. 7218),
f° 222 v° à 223 r°.

Qui est li gentis bachelers?
Qui d'espée fu engendrez,
Et parmi le hiaume aletiez,
Et dedenz son escu berciez,
Et de char de lyon norris,
Et au grant tonnoirre endormis,
Et au visage de dragon,
Iex de liepart, cuer de lyon,
Denz de sengler, isniaus com tygre,
Qui d'un estorbeillon s'enyvre
Et qui fet de son poing maçue,
Qui cheval et chevalier rue
Jus à la terre comme poudre,
Qui voit plus cler parmi la foudre
Que faucons ne fet la riviere,
Qui torne ce devant derriere
I. tornoi por son cors deduire,
Ne cuide que riens li puist nuire,

Qui tressaut la mer d'Engleterre
Por une aventure conquerre,
Si fet il les mons de Mongeu,
Là sont ses festes et si gèu;
Et, s'il vient à une bataille,
Ainsi com li vens fet la paille,
Les fet fuir par devant lui,
Ne ne veut jouster à nului
Fors que du pié fors de l'estrier,
S'abat cheval et chevalier
Et sovent le crieve par force;
Fer ne fust, platine n'escorce
Ne puet contre ses cops durer,
Et puet tant le hiaume endurer
Qu'à dormir ne à sommeillier
Ne li covient autre oreillier,
Ne ne demande autres dragies
Que pointes d'espées brisies
Et fers de glaive à la moustarde,
C'est un mès qui forment li tarde,
Et haubers desmailliez au poivre,
Et veut la grant poudriere boivre
Avoec l'alaine des chevaus;
Et chace par mons et par vaus
Ours et lyons et cers de ruit
Tout à pié, ce sont si deduit;
Et done tout sanz retenir.
Cil doit moult bien terre tenir
Et maintenir chevalerie
Que cil, dont li hiraus s'escrie,

Qui ne fu ne puns ne couvez,
Mès ou fiens des chevaus trovez;
S'il savoient à qoi ce monte
Sachiez qu'il li dient grant honte.

Explicit une Branche d'armes

XXXIX

LE DEBAT DU C. ET DU C.

Bibl. nat., Man. Fr., n° 837 (anc. 7218),
f° 183 v° à 184 r°.

L'AUTRIER me vint en avison
Que li Cus demandoit au Con
III. sous de rente qu'il li doit.
Mès li Cons dist que non fesoit,
Qu'il ne l'en doit mie tant;
Si en estoit bien souvenant
Que il li doit .II. sous sanz plus.
« Comment, deable, » dist li Cus,
« Me veus-tu fere desreson ?
— Nenil, biaus amis, » dist le Con,
« Je ne demant fors que mon droit.
Contons, moi et toi orendroit,
Et si sauras que je te doi.
— Par foi, » dist li Cus, « je l'otroie ;
Je conterai moult volentiers.
Ne me dois-tu .XII. deniers
Quant tu eschaufes et tu sues ;
Por ce que dout que tu ne pues,
Je te corne, je te deduis,
Je te soufle au miex que je puis ;

Je t'abandonne tout mon vent?
Ce sont .II. sous; or le mes rent. »
Et dist li Cons : « Tu contes bien ;
Mès des autres ne sai-je rien
S'il ne me sont amenteü.
— Il ne pueent estre perdu, »
Ce dist li Cus; « trop les achat
Que je en reçoif maint grant flat;
Je sui batuz, je sui roilliez:
Pour ce sont il bien gaaingniez.
Quant tu engoules les morsiaus,
Et l'en me bat des .II. jumiaus
Et d'une grant borse velue;
Sor moi la truis tor jors pendue;
Icele borse a à non coille.
Ersoir menjas tu une andoille,
C'onques rien ne m'en departis.
— Par mon chief, » dist li Cons, « si fis;
Je t'en donai. — Non feïs, voir.
— Si fis; saches le tu de voir;
Au mains du brouet eüs tu.
— Voire maugré en aies tu,
Que l'escuele estoit fandue
Et maudehait Cons qui menjue. »
Et dist li Cons : « Ce n'est pas drois;
N'as-tu assez quant tu en bois;
Je ne te doi fors abevrer,
Et bien batre por bien corner;
Li cop ne te font se bien non.
Ce n'est pas maçue de plon

Dont l'en te bat ne de flaiaus;
Ne te plain fors des .II. jumiaus;
Ce poise toi qu'il sont si mols
Qu'il ne te fierent plus granz cops;
Nous sommes si près herbregié
C'uns parchemins qui est moillié
N'est pas si tenus par toz leus
Con la paroit entre nous .II.
Mauvesement en exploita
Qui si près moi te herbrega.
Tu ne fleres pas comme uns coins;
Se tu fusses .I. poi plus loins,
Toz li mons fust à moi aclin;
Mès j'ai en toi si ort voisin
Que tu ne vaus ne tu ne sez.
A toz cels dont tu es amez
Doinst Dame Diex male aventure,
Quar il le font contre nature;
Qui me lessent et à toi vont,
Je pri Dieu que il les confont.
Je faz agenoillier les contes,
Les chastelains et les viscontes;
Les evesques et les abéz
S'i sont maintes foiz aclinez;
Je les faz metre à estupons
Et redrecier à reculons.
Quant je vueil, jes remet en voie,
Jes faz dansser en mi la voie;
Je faz commencier la carole;
Mès de toi n'ert-il jà parole

Que Diex ne fist preudomme nul
Qui doie amer solaz de cul.
— Tais-toi », dist li Cus, « ors baveus ;
Moult par es ore ramposneus.
L'en ne se puet de moi soufrir ;
Bien sez qu'il convendroit morir
Homme et fame, se je n'estoie :
Je les esvuide et esnetoie.
Jamès homme ne mengeroit
Et, s'il menjoit, il creveroit
S'il ne s'en delivroit par moi.
Toutes merdes passent par moi »,
Dist li Cus, « et toutes ordures
Et toutes viez deslavéures.
De mes barbes, de mes grenons
Tu moilles en toutes sesons.
— Uns cons vaut bien .c. mile cus. »
De m'aventure n'i a plus.
Seignor, ceste desputison,
Qu'avez oï du Cul au Con,
Si m'avint l'autrier en sonjant
A mie-nuit en mon dormant.
Tout issi com je me dormoie
Si me prist une si grant joie
Qu'il me prist talent de rimer
Por ceste aventure conter ;
Mès onques plus je n'en oï
Fors ce que j'ai conté ici.

Explicit du C. et du C.

XL

LE DIT DES C.

[PAR GAUTIER LE LOUP]

Bibl. nat., Man. Fr., n° 837 (anc. 7218), f° 241 r°
à f° 241 v°.

SEIGNOR, qui les bons cons savez,
Qui savez que li cons est tels
Que il demande sa droiture,
Foutez assez tant comme il dure
Et, quant vous n'en poez plus fere,
Fetes Baucant cele part trere,
Si le menez devant la porte,
Et, se Baucent se reconforte
Qu'il puist en haut lever la teste,
On li ouverra la fenestre,
Et menra jusqu'en la fontaine
Qui tant par est de dolor plaine,
Et se dans Rondiaus li pioliers,
Qui tant est orguilleux et fiers,
Veut contredire le cheval,
Si le batent li mareschal
Que je ne sai autre venjance,
Mès qu'il i fust le roi de France.

Seignor, ne soiez pereceus,
Faintis, lanier, mès viguereus ;
Prendez le sovent et menu,
Et seul à seul et nu à nu.
Quant li preudon se lieve au main,
Si mete sor le con sa main ;
Si l'aplanit une grant pose ;
Jà puis, ce di, ne fera chose
Que miex n'en soit et miex n'en vieigne
S'il same blé ne plante vigne,
Ne s'il fet autre maraudise.
Or gardez que n'i ait faintise
Que sovent ne soit li cons pris ;
Cest maistire vous ai apris :
Si le tenez de moi en us,
Jà ne s'en repentira nus ;
Et, se c'est chevaliers erranz,
Ou escuiers, ou souduianz,
Serve le con et si l'ait chier,
Mains en redoutera l'acier,
Et s'en sera plus eüreus ;
Ce tesmoingne Gautiers Li Leus
Que li cons porte tel racine.
Sa dame en fet gesir souvine,
Et, si demande tele andoille
Dont sor l'anel en pent la coille,
Jà si grant vit ne li vendra
Que transglouti errant ne l'a,
Ne jà n'ert de si grosse vaine
Qu'il n'ait moult tost tolu l'alaine ;

Jà n'enterra nus en sa goule
Qu'il ne le vainque en petit d'oure;
Por ce sommes à lui enclin;
Contre le con ne vaut engin.
Cist fabliaus dist au definer :
Connebert fet tornoi-crier
Et moult de grandes fiertez faire.
Li cons est .I. nice douaire.

Explicit des C.

XLI

DES VINS D'OUAN

[PAR GUIOT DE VAUCRESSON]

Bibl. nat., Man. Fr., n° 837 (anc. 7218),
fol. 217 r° à 217 v°.

Biaus sire Diex, rois debonere,
Qui le pooir avez de fere
Vostre plesir communaument,
Puis vostre resuscitement
Ne feïstes tele vingnée
Comme ele est ouan devinée.
Chascuns dit, et je m'i acorde,
Que vin sont dur et de mal orde,
Pou plesant et mal acuillable.
Virge pucelle et amiable,
Por nous toz soliiez prier
Notre Seigneur, qui oublier
Nous veut, dame, bien le savons.
Se par vous sa grâce n'avons,
Hé, mère Dieu, comment vivront
Marchéanz qui tels vins bevront.
Plus frez seront au departir
Qu'au commencier, c'est sanz mentir ;
Si est pitiez et grant domage.
Marchéant vont par mer à nage

Et par la terre en plusors leus ;
Communement dient entre els :
« Marchéandise a devorée
Li vin, qui lor art la corée »,
Et, si l'ont à moult granz dangiers,
Que referont ces messagiers
Qui les bons vins boivre soloient,
Dont lor chemin plus tost aloient
Et monter plus legierement ?
Or vous di-je certainement
Que celui qui miex en bevra
Plus pesant que devant sera ;
Messagiers à dolor seront ;
De .ii. jornées .iii. feront
Et de .iiii. .vi. ; c'est descort.
Eh ! Diex done lor reconfort
Et aux fèvres et aus forniers.
Vin lor coustera granz deniers
Et à cels qui batent le plastre,
Et si ne s'en porront esbatre
Qui les vins ne font s'enfler non.
Qui de bons vins boivre a renon
Jà au novel ne touchera
Devant que le viez li faudra,
Qui auques se defaut et gaste ;
Moult nous poise qui si se haste
De lessier nostre compaignie.
Que cels qui aiment cortoisie
En sont dolenz ! Se Diex me voie,
Or n'i a fors c'on se porvoie

Comment l'en bevra les noviaus.
Vert sont et dur et desloiaus,
Qu'il vuelent les gens estrangler.
Jà n'en orrez homme jengler
Ne parler plus tost ne plus tart.
Je voi ces gens, si Diex me gart,
Qui por boivre font granz dossées
Le vin qui lor art les corées,
Et si ne s'en sentent de rien,
Ceste chose vou di-je bien
Que jà n'en seront plus haitiez
Provoz, qui sont toz afaitiez
Por prendre cels qui mesprendront.
Aus yvres pou conquesteront,
Qu'avant les verriiez crever
Que des vins d'ouan enyvrer;
Ce n'est pas le preu aus Provoz.
Cels qui auront aus et civoz
Gaigneront plus et aus poriaus
Que Maires, Provoz ne Bediaus
Aux vins d'ouan, si com je cuit,
Que la gorge leur art et cuit
A toz cels qui les vont bevant
Et puis si les vont remuant
Et chaufent au feu por sotir.
Eh! Diex, por qoi vaus consentir
Que ceste anée est avenue,
Où tant avons desconvenue?
Sire, qui onques ne mentistes,
De pou de vin .II. pars feïstes;

L'une est trop dure, l'autre a cuiçon,
Dont nous sommes en grant friçon,
Que sovent nous font rechingnier,
Bouche clorre, les iex cluingnier.
Qui plus en boit, bien le puis dire
Que le ventre li enfle et tire.
Tels sont en la terre de France
Qu'il ne font fors qu'emplir la pance
A celui qui plus en engorge ;
Plus aspres sont que nul pain d'orge.
Ne sai quels sont à la Rocele.
Menesterels, qui de vièle
Soloient les gens solacier,
Ne se savent où porchacier.
Que la bone gent est troublée
Por ce que l'en lor a emblée
La très bone houce Gilet,
Qui les marchiez fere fesoit
Et les bones gens assambler ;
Cil n'avoit pooir de trambler
Qui l'avoit en son dos vestue ;
Or s'est en tel leu embatue
Que il covient trop grant avoir
Qui la veut en pou d'eure avoir ;
Les povres genz s'en souferront
Qu'en cest an ne l'afubleront
Que trop avons mauvese anée.
Virge, qui sanz pechié fus née,
Qui le cors Jhesucrist portas
Et Theophile confortas

Que tu meïs en bone voie,
Prie à Jhesucrist qu'il envoie
Au menu pueple soustenance ;
Dame, en qui nous avons fiance.
Toz et toutes communaument
Nous vous requerons doucement
Que li vueilliez ce deproier
Qu'il nous ajut sanz delaier.
Tuit li prions qu'ainsi le face
Par son plesir et par sa grace ;
De nous li plèse souvenir.
Ici luec veut son dit fenir
Guiot, qui est de Vaucresson,
Et sa petitete oroison.

Explicit des vins d'ouan.

XLII

LA PATRE-NOSTRE FARSIE

Bibl. nat., Man. Fr., n° 837 (anc. 7218),
f° 274 r°.

PATER *noster* doit chascun dire
A Dieu et crier : Biaus douz sire,
Gardez nos ames et noz cors;
Qui es in celis haut là sus,
Tu connois bien chascun çà jus
Et par dedenz et par defors.

Sanctificetur nomen tuum,
Car il n'est nus, soit fame ou hom,
S'à toi de cuer *adveniat,*
Qu'il ne gaaint *regnum tuum;*
S'il humelie *cor suum,*
Tu lui diras tantost : *fiat.*

Voluntas tua est moult droite;
Le salu de chascun covoite
Aussi du povre com du riche,
Sicut in celo et in terra.
Jà nus enz ès ciex n'enterra
Qui le cuer ait aver ne chiche.

Panem gardent trop li riche homme;
Nostrum ne lor lest prendre somme
Quar adès acroistre le vuelent;
Anui ont *cotidianum;*
Bien se travaillent *in vanum,*
Qu'à la mort rien porter n'en pueent.

Da ne maint mès en cest païs
Qui de *nobis* est si haïs
C'on l'a tout perdu *hodie,*
Et dimitte l'en a quaissié,
Qui *nobis* a le cuer lechié
In hac valle miserie.

Debita nostra sont moult grandes;
Ce sont li vin et les viandes
Que chascun jor volons avoir;
Il n'est nus hom, sages ne sos,
S'il despendoit *sicut et nos,*
Qu'il ne deüst moult grant avoir.

Sire, *qui es piissimus,*
Envoies nous *dimittimus*
Que nous en aurions mestier.
Si mandez *debitoribus*
Que jà à *creditoribus*
Ne pait maaille ne denier.

Nostris seroit bien avenu;
Lié seroient jone et chanu

Inclinatis capitibus,
Et ne nos, por nostre meffait,
Inducas en enfer le lait
Peccatis exientibus.

Secor nous *in temptationem*
Que ne perdons *mansionem*
De toi *demonis artibus;*
Nous, qui nous savons entechiez,
Devrions gehir noz pechiez
Dedans le mois .VI. foiz ou .VII.,
Dont seroit l'âme *libera;*
Si voleroit per *aera*
Devant Dieu tout pur et tout net.

Quant nous vendrons à cel osté,
A malo serons bien osté;
Sanz fin troverons *solamen;*
Quar Diex i maint et tuit si saint,
Et por ce qu'il nous i amaint
Si en die chascuns *amen.*

Explicit la Patre-Nostre farsie.

XLIII

DE L'OUSTILLEMENT
AU VILLAIN

Bibl. nat., Man. Fr., n° 837 (anc 7218),
fol. 119 v° à 121 r°.

    Homme qui se marie
Moult par fet grant folie ;
S'il n'est si estorez
Et de pain et de blez
Et de fuerre et de pajlle
Que nule rien n'i faille,
Tost en est assotez
Et de la gent blasmez.
Li prestres del moustier
Li demaine dangier ;
Si voisin ensement
En parolent souvent.
Se de plege a mestier,
Nus ne li veut aidier,
Et, se il n'a que prendre,
Tant a il moins à rendre.
Si le plege à envis
Li granz et li petis,
Et, se il se corouce
Et sa fame regrouce,

Maudient l'assamblée ;
Or sont à la meslée.
Si venist miex, ce croi,
Que chascuns fust par soi.
　　Or vous vueil aconter
Com se doit estorer
Homme qui fame prent.
Sachiez tout vraiement
Qu'il li covient meson,
Et bordel et buiron ;
En l'un mete son grain
Et en l'autre son fain,
Et en la tierce maingne.
Que riens ne li soufraingne,
Si li covient fouier
Et la busche el buchier,
Et le bacon au feste ;
S'en menjust à la feste.
Si n'envoit mie au vin,
Mès chascun jor matin
Envoit à la fontaine
Por une buire plaine ;
De cele boive assez
Qu'il ne soit enyvrez ;
Tost est d'avoir delivre
Home qui trop s'enyvre.
Se li covient les feves
Et les chols et les reves,
Et aus et porions,
Et civos et oingnons,

Et li cuve à baingnier,
Charrete à charrier
Et sele charretiere,
Et forrel et dossiere,
Trais et avaléoire,
Penel et menéoire,
Crameillie de fer
Et craisset en yver.
Se li covient trepier,
Et paiele et andier,
Et le pot et la louce
Où la purée grouce,
Le graïl et le croc
A trere de son pot
La char, quant ale ert quite,
Qu'il ne s'arde ne cuise,
Tenailles et souflet
A fere son fouet,
Mortier et molinel,
Et pilete et pestel.
Se li covient coingnie
Trenchant et enmanchie,
Doléoire et cisel
Esmolu de novel,
Besague d'acier,
Tarere por percier,
Fers à fere mortoise
Et en pierre et en boise,
La lingne et le compas.
Ice n'est mie gas,

Et se li covient roisne
Et canivet et foisne,
Et engin à peschier,
Et au col le panier
A metre son poisson,
Quant il en a foison.
Puis le covient armer,
Por sa terre garder,
Coterele et hiaumet,
Maçuele et gibet,
Arc et lance et espée,
Se vient à la meslée;
Au chevès soit couchie
L'espée enroeillie
Qu'il n'ait soing d'estoutie
Ne d'esmovoir folie;
Tost est .i. home mort,
Soit à droit, soit à tort,
Par une sajetele;
Tele oeuvre n'est pas bele
Par petite achoison,
Ce nous dit la reson.
Si ait son viez escu
A la paroit pendu,
Por ce, se il n'est bel
Acesmez de novel,
N'est il mie mains durs,
De ce sui toz seürs;
A son col le doit pendre
Por sa terre desfendre.

Mès gart qu'il ne soit mie
Devant à l'escremie,
Quar il feroit que fols,
S'il ert aus premiers cops;
Tels vient aus primerains,
S'il ert dus daarrains
Qu'il n'i perdist jà rien ;
De ce savons nous bien.
Toz jors soit en porpens
De revenir par tens,
S'il puet, à sa meson,
Et si ait son gaignon
Si afetié et duit
Que il n'abait par nuit
Se il ne set por qoi,
Ainçois se tiengne qoi.
Et se li covient huches,
Et corbeillons et cruches,
Le chat aus soris prendre
Por les huches desfendre.
Et le banc el fouier
Et la table à mengier.
Se li covient en haut
Le chasier sus le baus
Aus frommages garder,
Et l'eschiele à monter,
Trepier et chauderon
A brasser son boillon.
Quant ce revient au tens
En Quaresme ès Avens

Et si reface en Mars
Assez cueillir des hars
A la charrue joindre;
L'aguillon au buef poindre
N'i doit estre oubliez,
Et port, comme senez,
Par derrier son crepon,
Ou sarpe ou faucillon
A ses hars detrenchier,
Se il en a mestier,
Besche ou hache d'acier
Aus busches esracier;
Tout traie à gaaignage,
Si fera moult que sage.
Et si li covient herche,
La civiere et la fesche,
Le sarcel enhanter
Por les chardons oster.
Se li covient faucille,
Et alesne et estrille,
Coutel à pain taillier,
Et la jarce d'acier,
La keus et le fuisil
A aguisier l'ostil,
Les aguilles poingnanz
Et les forces trenchanz,
Sollers et estivaus,
Et chauces et housiaus,
Cotele et sorcotel,
Chaperon et chapel

Corroie et couteliere,
Et borse et aumosniere,
Et moufles bien cuiries,
De novel afeties,
A espines cueillir
Por son Seignor servir
Por fere heriçon
Tout entor sa meson.
Puis ait pendu au laz
Le trible et le saaz,
Chaelit à gesir,
Et la met à pestrir.
Se li covient le four
Et les forchons entour;
S'il a la barbe uslée,
N'en face jà posnée,
Mès soit de bele here
Et face bele chiere,
Quar bon est le mestier
Où l'on puet gaaignier.
Se li covient sauniere,
A son feu par derriere
Toraille à brais sechier.
Ne li doit anoier
De lui bien estorer,
Quar il en doit prester
A son voisin sovent,
Se besoing le sorprent,
Les pilons et la pile,
Nel tenez pas à guile,

Le sac et le boissel,
Le van et le rastel,
Picois, coingnie et pele.
Se la mesons est tele,
A il de plus mestier
A son Seignor aidier?
Oïl, par le mien chief.
Encore i a plus grief,
Quar, se il ne l'avoit,
Querre li covendroit
Hanas et escueles,
Et platiaus et foisseles,
Granz gates et menues ;
Por ce, s'el sont fendues,
Ne les get en puer mie,
Quar ce seroit folie.
Le bers face devant,
Ainz que naisse l'enfant,
Doit il estre tout plain
De drapiaus et d'estrain,
Et, se ce est vallet,
Se li quiere .I. auget
Por baingnier estendu,
Si est ainçois creü,
Et, se c'est baisselete,
Se li quiere minete,
Si sera miex fornie,
Quar ce est la mestrie.
Et, se il bien li plaist,
Si porchast, que il ait

Viaus, une vache à lait,
Qu'il nel mete en delait
A l'enfant alaitier,
Quant il en a mestier;
Quar, se saouls n'estoit,
Toute nuit ploerroit,
Si toudroit le dormir,
Quant s'iroient gesir
Toz ceus de la meson
D'entor et d'environ,
Et l'endemain l'ouvraingne;
Ice n'est pas gaaingne.
  Por ce di je souvent
Et faz sermonement
Que li fol se chastient
Quant li sage lor dient :
Homme qui fame prent,
S'il n'a estorement,
N'est ja tenuz por sage
A poissant ne à large;
Quar, se il n'a que prendre,
Tant a il mains à rendre,
N'a garde de larron
Qu'il li brist sa meson,
Ne que par nult engien
Li toille nule rien.
Por ce n'ai je que fere
De nule rien atrere.

Explicit de l'Estillement au Villain

XLIV

DU VALLET

QUI D'AISE A MALAISE SE MET

Bibl. nat. Man. Fr., n° 12,603 (anc. Suppl. fr., n° 180),
fol. 242 v° à 244 v°.

OLÉS vous oïr du Vallet
Qui d'aise à malaise se met ?
Quant li Vallès a tant gaaingné
Et assamblé et esparnié
Qu'il a une cote en son dos,
De bleu, de rouge ou d'estainfort,
Et il a braies et chemises,
Dont a ses soingnes aemplies,
. . . .
Ne il ne dort, ne il ne soingne ;
Et, quant il a un sercotel
Dont pert il trestout son revel,
Que il cuide mout bien, sans faille,
Valoir .x. tans ke il ne vaille,
D'ont se commenche à forquidier ;
Pour che se met au fol mestier.
Maintenant conmenche à amer
Et dist, s'il estoit mariés,
Qu'il seroit sires et refais,
. . . .

Et je di bien, se Dix m'aït,
Que d'ont devenroit il caitis.
Je vous conterai bien le conte
Comment li Vallès va à honte,
Et li baiselete ensement,
Qui se marie povrement.
 Li Vallès vint à une ville;
Si parole à une meschine,
Celi quiconques miex li siet.
Li Vallès delès li s'asiet,
Puis si li dist : « Ma douche seur,
Je vous ainme de tout men cuer. »
Cele respont : « Laissiés me ester,
Biaus sire, et si ne me gabés;
Envis m'ameriés, s'ariés droit.
Plus bele et plus cointe de moi
Amés vous, ce quide je bien;
Laissiés me en pais, si ferés bien,
Car ce n'est mie courtoisie
Se vous gabés une meschine. »
Et chiex respont : « Ma douche amie,
Sachiés, je ne vous gabe mie,
Anchois vous ai mout enamée;
N'a meschine en ceste contrée
Cui j'aimme tant com je fac vous.
Pour honneur faire vieng à vous;
Si vous prendrai, se vous volés;
S'irai à vos amis parler
Et à vo dame et à vo sire. »
Celle respont, qui le desire

Et bien vauroit que che fust fait :
« Biaus sire, tenés vous em pais ;
De marier n'ai je mestier.
Je n'ai encore peu gaaignié ;
De chi à .II. ans chi avant
I venrai je assés à tans.
Riches hom n'est mie mes peres,
Et je ne sui bien atournée. »
Et chius respont : « Pis apparans
Se marieront en cet an,
Voire voir .XXII. ou plus. »
 Tant parlerent et sus et jus
Que li voisin d'aval le rue
En ont la nouvelle espandue ;
Se li dient : « Vous ne savés ?
Chius Vallès veut vo fille amer. »
D'ont vienent li fol et li sage ;
Si parolent du mariage.
Dist li uns : « S'il avoit vo fille,
Elle seroit mout bien assisse.
En non Diu, c'est .I. boins vuaigneres
Et si n'est ne fol ne lechieres.
Encor n'aient il grant avoir,
Si porront il assés avoir. »
Ciertes il dient verité,
Voirement aront il assés :
Ou dissetes ou povretés
Aront il, tout plain les costés.
 Ore est li mere en grant pensée
Conment se fille ert mariée,

Quant ele gist lès sen preudomme,
Dont ne li puet prendre nus sommes :
« Sire, » fait el, « vous ne savés?
Chius Vallès veut vo fille amer.
Chiertes, che est .I. boins vallès;
Ne fol, ne trumeleres n'est,
Et est si un boins vuaaignieres,
Et si n'est ne fols ne lechieres. »
Chius se retourne en l'autre coste :
« Oiiés », fait-il, « de ceste sote !
Ciertes, vous n'estes mie sage,
Qui m'aparlés de mariage
Pour ches deniers que j'ai gissans
Et pour chu mueble que j'ai tant.
Or estes vous bien courechie
Que no fille n'est aharnesquie.
— Ha hai, sire, que dites vous?
— Je ne le di mie pour chou,
Ains le di pour ches baseletès
Qui sont si très soteletes.
— Se elle vuaignoit .I. quastron,
Puis n'oseriens vir .I. preudon.
Toutes voies es-ce nos enfes;
Si i devons bien garde prendre
En tant que nous le marions
Et preude femme le faissons;
Chius le prendera pour petit,
Car il l'ainme, je l'sai de fit;
Ainchois le prendroit il pour nient
Qu'il ne l'eüst, ce sai je bien. »

Quant li femme entre en le reddie,
U faice savoir u folie,
Anchois mangeroit fer ou boise
Qu'ele ne vainque ù qu'ele voisse.
Et li preudom si lait à dire :
« Dame », fait-il, « vous en souvigne ;
Se chius marchiés pooit venir,
Je l'otroiroie endroit de mi ;
Ainmi, las, que nous li donrons?
U prenderons nous garissons
Que nous li puisomes doner
Que puist avoec li aporter.
— Nous li donrons une vakielle
Et .I. petitet de no terre ;
S'ai de mes coses en tour mi,
De mes napes et de men lin.
Se vous taissiés d'ore en avant ;
Laissiés m'ent convenir atant. »
   Or iert li Vallès bien venus,
Quel eure qu'il soit revenus,
Et, quant il revient à s'amie,
Sa dame ne se targe mie
Que ne li faiche boine chiere.
Soit sour lesson, soit sour keiere,
Le fait assir delès se fille,
Et puis si li set très bel dire :
« Bien soiés vous venus, biaus fix.
Je cuit que vous serés mes fix.
Je ne quidaisse en mout grant tans
Que mes sires vous amast tant ;

Il vous aime, je l' sai de fi.
— Dame, » fait chius, « le soie merchi,
Et Dix le mire men boin sire.
Je ne li fis onques serviche,
Mais, s'il avoit de nous mestier,
Nous li feriesmes volentiers. »
Dist la dame : « Je le sai bien ;
A son preu estes et au mien.
Mais .I. Vallès de ceste ville
Nous fait apparler de no fille
Qu'il le prendroit mout volentiers,
Se nous li voliemes aidier,
Et je respondi luès pour vous :
Plus chiere l'auroie avec vous ;
Vous n'estes mie deputaires,
Ains estes forment deboinaires ;
Qui me fille donroit .I. cop,
Ciertes il me donroit la mort,
Que, par tous sains, c'est uns boins enfes :
On ne set en li que reprendre,
Qu'ele ne saice bien filer
Et bien pestrir et bien buer.
Et si vous di, par le boin jour,
Que, se je demouroie .VIII. jours
Ne perderoie, mien escient,
Le pieur louche de chaiens,
En non Diu, et s'est eüreuse,
Et i est saige et bien uiseuse.
Mais chiex, qui amenra me fille,
N'aura pas tout à une fie

Che que je li vaurai donner.
Se j'ai ma char, se j'ai mon sel,
Je voeil que chiex, qu'ara ma fille,
Le prengne si com soi meïsme.
— Dame, » fait li Vallès, « par foi,
Chou est uns boins enfes, je croi;
Plus chier l'auroie à mains d'avoir
Que une autre pour plus avoir. »
Or oiiés de le bone femme,
Qui devant l'uoeil li trait le pane :
« Dont vous dirai je que ferés.
Alés à vos amis parler;
Se vous à conseil le trouvés,
Revenés chà, se vous volés.
— Par le saint Diu », chiex respondi,
« Li consaus en gist tous en mi;
Mais si leur dirai toutes voies,
S'il i veulent estre, si soient,
Et, se che non, je vous di bien
Que pour aus ne demourra rien. »
 Mieus li venist, le malostrut,
Le chatif et le durfeüt,
C'on le fresist d'un grant baston,
A l'issue d'une maison,
Si le cachast on à la rue,
S'alast cachier une carue.
 Li Vallès ist de le maison,
Puis si dist à sen compaignon :
« Tu ne sés que je te dirai,
Compains ? je me marierai.

— Et qui prenderas-tu ? » fait cil.
« Par tous les sains, » fait chiex, « cel... »
Si le nomma par son droit non.
« Ha hai, si le te donra on ?
— Oïl, certes, mout volentiers ;
Se mere le me dist l'autrier.
— Mout a de honte et peu est plains
Chiex qui se leuwe à ces vilains.
— Mais, se j'estoie mariés
Et j'estoie par mi tournés,
Me femme averoit sen bel lit ;
Si gerriens aise, moi et li ;
Si passeriens de peu le tans.
La merchi Dieu, il est boins tans.
Auan quant je me revesti,
Si mis je d'argent deseur mi
.Xlvii. s. et demi.
. . . .
Che vous conterai je mout bien ;
Mentirs n'i vaut, ce voi je bien.
A me cote eut .xiiii. saus,
.Iiii. saus à mes estivaus ;
Enne, sont che .xviii. saus ?
. . . .
Et braies et chemise ausi
Que j'euc de .vi. saus et demi,
Que du keudre que du taillier ;
Che sont .xxiiii. saus, .vi. denier.
Et me cape, que je ai chi,
Que j'euc de .x. saus et demi,

Enne, sont ce pas .XXXVI.,
Qui sont jà deseur mi assis?
Une petite cauchemente,
Que je chauce le diemence,
Cele me cousta .IIII. saus;
Enne, sont ce .XL. saus?
Et .I. tacons dessous mes piés
Que j'acatai de .IX. deniers
Qu'il me convient paiier tous seus,
Et s'en eut .III. en .I. huvet;
Une coroie et .I. blans vuans,
Que j'acatai .VI. deniers blans.
Vois, par le tieste Diu, » fait-il,
« Coment me poroie tenir:
Ne jou piniés ne je lavés,
Ne onques n'ai mes dras bués;
Tant les ai portés entour mi
C'a peu k'il ne me sont pouri. »
 Or se depart du compaignon,
Auquel a dite sa raison;
Si s'en revient à ses parens.
Si lor conte son errement
Que il se vora marier
Et k'il vorra par lui tourner.
Adont li dist uns siens parens,
Et auques mout crueusement :
« Biaus niés, k'avés vous enpensé,
Qui or vous volés marier?
Uns rices hons de ceste ville
Ne vous donra mie se fille;

N'avés maison, n'avés ostel
U vous le puissiés bien mener ;
En court terme et en peu de tans
Porrés vous mout avoir d'enfans.
Alés encor maistre servir,
Car vous ne porrés mie issir. »
Chiex respont : « Certes, non ferai,
Jamais vilain ne servirai.
Mais, se vous volés, s'i soiiés ;
Se vous volés, si le laissiés,
Et, se ce non, vous di je bien
Que pour vous n'en demourra rien.. »
Dont li respont .i. siens parens :
« Marie toi hardiement,
Et, se tu n'as mie un ostel,
Je te presteroie un cambrel. »
Et chiex respont : « Mout volentiers »,
Qui bien set qu'il en iert mestiers.
　Si s'en revient vers sen amie ;
Cheroit fait k'il l'a fianchie ;
Li prestres fait ses bans hanster
Et dons li pramet à donner ;
Et si n'a nient tant esparnié
Qu'il ait .x. saus de ses deniers
De quoy il peust ses noches faire ;
Si l'en converra meschief faire.
Si va .i. sien ami proier
Tant k'il ait .x. saus de deniers,
Et li a en convent, sans faille,
Que des deniers de revidaille

Li rendera tout erraument,
Ja ne devra plus longement;
Et chiex li preste les deniers,
Ki voit bien k'il en est mestiers.
　　Or a acaté li dansiaus
Ses affichès et ses juiaus,
Pour la joie k'il se marie
Et pour ce ke il prent s'amie.
Ceroit fait k'il l'a espousée;
Adont ont fait lor destinée.
On les revida l'endemain ;
On lor aporta vin et pain;
De deniers lor aport'on pau,
N'en eurent pas jusque .VIII. saus.
Font les commères, qui là sont :
« De cest premier avoir, k'il ont,
Chou est boine estrine nouvelle,
S'en acatent pot et paiele ;
Che doit on faire du premier
Que Dix leur doinst eür de bien. »
On leur aporte pute estrine,
.I. pourcelet et .II. gelines.
Par chou perdront il leur cambrel
Que leur parens leur a presté :
Li pourcelès i va fouant,
Les gelines i vont gratant ;
Li boine femme les en cache,
Si les hue et si les manache ;
Si leur dist tout appertement,
Et auques mout crueusement,

Que ne doit avoir nourechon
Li femme ki n'a se maison.
 Cele en est forment courechie;
Si em pleure et si en crie;
A sen baron vint, si li dist :
« Biaus dous freres, se Dix m'aït,
Moi sambleroit buer fuisse née
Se de chi estoie escapée,
Que nous euissiens .i. torciel,
Une maison et .i. pourchiel. »
Ses drapiaus vent tous ki les a,
Et chiex les siens, teuls k'il les a,
Et tant que il ont .i. torciel
Une maison et .i. pourciel
U il pueent leur huche assir
Et leur lit faire à lor plaisir.
 Or vous dirai je des deniers
C'on emprunta as ussuriers;
Il ne seront jamais rendus;
Si aura .xxx. saus, ou plus.
Et, quant che vient au chief de l'an,
S'est cele grosse d'un enfant;
Or li kiet li pois reveleus,
Et se li mue le couleurs,
Mais, s'ele se plaint, ne puet nient,
Car plus a de mal que de bien.
Chiex va trestout le jour ouvrer
Et vuaaignier et labourer,
Et, quant il vient à son ostel,
Dont li estuet le fu souffler,

. . . .
Dont se prent caitis à clamer :
« Vois, » fait il, « maugrés en ait Dix !
Comme je sui uns mausoutiex
Quant je fui onques mariés.
Com bien en sui ore amendés. »
Si malade n'est cele mie,
Qu'ele ne saice mout bien dire :
« Que dites vous, puans pendus ?
C'à male hart soiiés pendus !
Quant j'issi de l'ostel mon pere,
Je en issi bien endrapée ;
J'aportai mout boine plice
Et boin sercot et souscanie ;
Vous me les avés tous vendus,
Tous alouiés, tous despendus :

. . . .
Qu'à male hart soiiés pendus ! »
   Que vous iroie jou contant,
Ne qu'iroie ramentevant ?
Trestout le plus lonc jour d'esté
N'aroie mie raconté
Trestous ne leur fais ne leur dis ;
Que plus vivent, et plus ont pis,
Et tout adès de mal em pis.
Pour che vous di ge bien de fi
Qu'il n'ait si male que de .....
Ensi comme cis flabliaus dist.
   Or vous ai je dit du Vallet
Qui d'aise à mallaise se met,

Que si faisoit le cretelet,
Et qui resamble l'oiselet
Qui, ains qu'ait elles, veut voler,
Et puis si demeure afolés.
Or vorroit estre à marier,
S'en deüst aler outre mer;
Or, dist il, se Diex li aït,
Que, s'il issoit de cest peril,
Que jamais ne s'i rembatroit,
Se Diex li ait et sainte crois ;
Mès ne li vaut, que c'est trop tart :
Il s'est trop fort lachiés el lach.

Explicit.

XLV

DE MARTIN HAPART

Bibl. nat., Man. fr., n° 12,483,
fol. 239 v° à 240 v°.

AUMOSNE delivre de mort
Et fait arriver à bon port
De Mammon e d'iniquités
Faites, amis, en la cité
Du ciel, où cilz et celes vont
Qui as povres de cuer bien font;
Quar, se petite aumosne vaut
Et fait monter ou ciel en haut,
Planté d'aumosne trop vaut miex
Et fait plus tost monter ès cielx.
Honneure les angres et donne
Aumosne, quar Jhesus pardonne
Leur meffais à ceus qui ce font,
Et des angres honnouré sont.
De ce je vous diré un conte,
Mès je ne scé qui le raconte.

Par mainte fois oï avez
De ces examples recorder :
De Saint Michiel un en orrez,

Se il vous plaist à escouter.
Onques de tel n'oy parler
    Nus qui soit vis ;
Il n'est mie du temps jadis,
Mès il avint ou temps d'avril.

A Avrenches, dessus le pont,
Une riche fame out meignant,
Que espousa un riches hons
E de molt grant atenement.
Il estoit plaideour molt grant,
    Sage et gaillart ;
On l'apeloit Martin Hapart :
Il hapoit de chascune part.

Martin hapoit quant estoit vif,
Et si hapa quant il fu mort ;
Molt de gent metoit à essil
Et leur faisoit de leur droit tort ;
Miex amoit à boire bon vin
    Qu'estre au moustier ;
S'entente estoit à soutillier
Conme il peüst gent essillier.

Martin Hapart haïoit moustier
Sur toute rien et le sermon,
Les mesiaus et les potenciers,
Et les gens de religion ;
L'Anemi l'avoit par reson
    Mis en escrit :

En enfer estoit fet son lit,
Mès sa fame le garanti.

Sa fame à Saint Michiel ala
Par mainte fois et l'aoura;
Son mari pria qu'i alast,
Mès il dist que rien n'en fera.
Un jour par matin se leva,
　　　Si pria molt
Son mari qu'il alast au Mont;
Martin dist que fole gent sont

D'aler Saint Michiel aourer,
Quar i n'i a de li noient :
Il n'i a riens que un moustier
Et un grant ymage d'argent ;
Saint Michiel n'est c'un pou de vent.
　　　Dieu le crea,
Ne char ne sanc ne li donna,
Fors les eles dont il vola.

Tant comme il est, en Poitou,
Ou à Paris, ou à Orliens,
Puet l'Anemi faire un trou
En son moustier qu'i n'en set riens ;
Que fust l'or et l'argent ceens
　　　En bons deniers,
Et le moustier fust trebuchiez,
Et les moignes tretous noiez.

« Tu ez folz, » sa fame li dist,
« Diex le commanda de son ciel
Que l'en un moustier i feïst
U non de l'angre Saint Michiel.
A dames est plus dous que miel,
  Et qui ira
Bien repentant de tout meffait,
En paradis son lit est fait.

— Ou quel paradis? » dist Martin :
« Il n'est paradis fors deniers
Et mengier, et boire bon vin,
Et gesir sus draps deliez ;
Il n'i a riens de Saint Michiel
  Fors les parois
Et l'ymage que le biau rois
Fist paiier de ses viex orfrois.

« Mès, g'irai, » dist il « par mon chief,
A povres gent rien ne donrai.
Ne n'amenderont ja du mien ;
. . . .
Une maille li porteray
  Qu'ey espargnié ;
Ele est esbrechie le tiers ;
Je li offerray volentiers. »

Cele maaille li moustra :
La fame molt bien la quenut.
Martin à Saint-Michiel ala ;

Onques n'i menga ne ne but,
Ne onques tant povre ne sut
    Demander li
Qu'i donnast vaillant un espi :
Là venir n'en fu pas marri.

Quant à l'ostel s'en retourna,
La mort le prist; si vint son jour :
Ne cuidoit pas que mort entrast
En tel chastel n'en si fort tour;
Des biens estoit à grant honnour,
    Quar faucement
Bien doit amer celui l'argent
Qui le gaaigne loiaument.

Or oez par quoy il hapa,
Quant il fu en son sarqueu mis;
C'est miracle si ne fust ja
Sceü par homme qui soit vis;
Mès le fossier si avoit mis
    En son braeul
.C. et .II. soulz, que il avoit
Receu d'un buef qui cras estoit.

Le fossier ses pans rebraça
A sa ceinture hautement;
Sa bourse aval li balocha :
Le sarqueu prist li et l'argent.
Quant vint à son devalement,
    Il s'entr'ouvri,
La bourse du braeul rompi;

Martin hapa tout devers li.

Il senti bien rompre le las,
Mès il ne sot pas que ce fu.
A son hostel se clama las
Quant il s'en fu aperceü ;
Au prestre s'en est revenu ;
    Si se clama
De Martin Hapart, qui hapa
Sa bourse, quant il l'enterra.

Cele journée proprement
Refu le sarqueu deffouy ;
Le fossier trouva son argent
Qui en la fosse li chey,
Et la maaille, qu'il offri ;
    On l'enporta ;
Au vesque la nouvele ala,
Dont par mainte fois se seigna.

Le grameire, se dient, lut
.I. clerc, qui sot molt de latin ;
L'Anemi tantost s'aparut :
« Di moy, » fait il, « où est Martin ?
— Tu en orras, » fait il, « la fin ;
    Le cors tenon ;
En enfer nous entrebaton
Pour l'ame que perdue avon.

« Son lit estoit fait en meson,
Mès Michiel le nous a tolu ;

Une maaille l'en a trait ;
S'a ballancé devant Jhesu
Les grans biens qu'il avoit eü
    Par faus recors ;
Saint Michiel nous en a fet tort :
Il estoit nostre après la mort. »

L'Anemi à tant s'en tourna,
Et le vesque est demouré.
Qui au Mont-Saint-Michiel ira,
Il li sera guerredonné.
Prions Saint Michiel, l'onnouré
    De toute gent,
Qu'il nous conduie à sauvement
Devant Dieu pardurablement.

        Amen.

XLVI

DE DEUX ANGLOYS
ET DE L'ANEL

Bibl. nat., Man. fr. 19,152 (anc. 1830,
f. Saint-Germain), f° 47 v°.

Un fableau vos veuil aconter
De .ii. anglois, sanz mesconter,
Dont li .i. malade se jut,
Et li autre si com il dut
Le garda bien au mielz qu'il pot :
De son porchaz moult bien le pot.
Tant vint li eure et tant ala
Que li malades resua,
Et, quant il se sent alegié,
Son conpaignon a aresnié.
Son bon li velt dire en françois,
Mais la langue torne à englois
Que ce ne fu mie merveille.
Alein son conpaignon esveille;
Or oiez com il l'apela :
« Alein, » fait il, « foustés vus là ?
Trop dormés ore longuement,
Mi cuit un poi alegement,
Mi have tote nuit soué,
Mi ave, ge cuit, plus soé ;

Si cuit vueil mangier .i. petit.
— Ha ! » dit Alein, « Saint Esperit,
Done mi companon santé,
Dont mi cors fou si fort troublé.
— Triant, » fait-il « par seint Tomas.
Se tu avez .i. anel cras
Mi porra bien mengier, ce croi.
— Vos aurez .i. » fait il, « par foi ;
Je m'en vois une tost querer.
— Conpainz, Diex te puisse mirer. »
Alein s'en est tornez atant,
Tant va par la vile querant
Qu'il entra en une maison.
Le preudom a mis à raison
Au mielz qu'il onques pot parler ;
Mais onc tant ne s'i sot garder
Que n'i entrelardast l'anglois.
Ainsi farsisoit le françois :
« Sire », fait il, « par saint Tomas,
Se tu avez nul anel cras,
Mi chatera moult volentiers,
Et paie vos bones deniers
Et bones maailles frelins
Et paie vos bons estellins. »
Quant li preudom qui hernechoit,
Oï celui qui fastroilloit,
Ne set que il va devisant :
« Que as-tu, » fait il, « fastroillant?
Ge ne sai quel mal fez tu diz :
Va t'en, que tes cors soit honiz !

Es tu Auvergnaz ou Tiois?
— Nai, nai, » fait il, « mi fout Anglois. »
Li preudons l'ot ; si en a ris :
« Que dites vos », fait il, « amis ?
Dites moi que vos demandez.
— Entendez mi, vos saverez :
Mi conpanon fout moult malart;
Il proie mi que ge li chat
Un ainel qu'il velt mengier. »
Li preudons, c'on claime Mainier,
Le cuide avoir bien entendu :
« Bien t'en est, » fait il, « avenu,
M'anesse en oit, ersoir, un bel. »
Devant l'Anglois a mis l'anel ;
Si le vendi ; cil l'achata.
A l'ostel vint, si l'escorcha.
Quant il est cuit et atorné,
Son conpaignon en a porté
Une des cuisses o le pié ;
Et cil l'a volantiers mengié,
Qui moult desirroit la viande
Et de respaster ert engrande.
Quant ot mengié par bon talent,
Les os esgarde qui sont grant
Et la hanche et la quisse tote,
Qu'il vit si grosse et si estote ;
Son conpaignon apele Alein,
Et il i est venuuz à plain.
« Que volez tu, » fait il, « trichart
Que vos me tenez por musart ?

Quel beste m'as tu ci porté ?
— Anel, » fait il, « en charité.
— Anel ? » fait il, « par seint Almon,
Cestui n'est mie filz moton ?
— Si est, pour ane ge chatai,
Tot de plus grant que ge gardai.
— Anel ! deable, voirement ;
Il sanble char de viel jument.
Se fu asnel que ge voi ci,
Ainz fu anel vostre merci.
— Se tu ne croiz que fout anel,
Mi vos ira moustrer de pel :
— Oïl, » dit il, « moustrez de ça. »
Et cil la pel li aporta,
Devant son conpaignon l'estent ;
Cil le regarde durement,
Les piez, la teste, les oreilles :
« Alein, » fait il, « tou diz merveilles.
Si fait pié, si faite mousel
Ne si fait pel n'a mie ainel.
Ainelet a petite l'os,
Corte l'eschine et cort le dos ;
Cestui n'est mie fils *bèhè*.
Quoi dites vos, Alein, que est ?
Ce ne fu mie fielz berbis.
— Tu dites voir, par seint Felix.
Foi que ge doi à seint Joban,
Cestui fu filz *ihan, ihan* ;
Encor fu d'anesse en maison
Et ge vos porte ci d'asnon. »

Quant li malades li oit dire,
Ainz ne se pot tenir de rire :
Du mal gari et respassa ;
Onques l'asnel que il menja
Ne li fist mal, si con cil dist
Qui le flabel des Anglois fist.

Explicit.

XLVII

DU

CHEVALIER A LA CORBEILLE

British Museum, Man. Harleien, n° 2,253,
f° 115 v°.

PUR ce que plusours ount mervaille
Del Chevaler à la corbaylle,
Ore le vus vueil je counter,
Se il vous plest à escoter.
Un chevaler de grant valour
E une dame de honour
S'entraimerent jadis d'amour
Leaument ou grande douçour ;
Mès ne se poeint assembler,
Ne pur geiter ne pur embler,
Fors à parler taun soulement,
Qar molt estoit estreitement
La dame close e enmurée.
Meson ne clos ne ount durée
Vers femme, qar son engyn pase
Tot ce qe autre engyn compasse.
Le seigneur l'out d'amour pryé,
Et la dame s'est otryé
A ly, quant vendreint en eyse ;
Mès mester est qe um se teyse

E vers pucele e vers chaunbrere,
Et q' el se tienge en sa barrere
En pès, qar soun mary la geyte
E fet geiter à grant deceyte;
E mès q'il geytée ne l'aüst,
Si ne say come l'em peüst
Approcher à tiel chasteleyne
Si ce ne fust à tro grant peyne,
Qar trop i a murs e fosseez.
Cil qe tous les aveit passeez
E feïst taunt q'il poeit estre
Denz cele chambre le plus mestre
Où la dame dort e repose,
N'uncor serreit legere chose
D'aver tote sa volenté;
Qar en yver e en esté
La gueyte une veele talvace :
Si la dame remuer se face
Une houre q' el ne la veïst,
Meintenant ele le deïst
A le seigneur q'estoit soun fis;
Cil crerroit bien tost tus ces dys.

 Le chevaler mout bien souvent
Soleyt aler à tournoyement,
Si com riche baroun deit fere.
Le chevaler de basse affere,
Qe longement s' avoit mussee
E en mussaunt soun temps ussee,
Un jour forment se purpensa
Qe la dame veïr irra,

Qaunt erré fust le chasteleyn.
Le porter ne fust pas vileyn :
Son message à la dame fist,
E meintenant al porter dist :
« Amis, lessez sa eynz venyr,
Qar à counsail le vueil tenyr
D'un affere qe ge repens. »
Ataunt entra il saunz defens;
Les chevalers qe leyns furent
Ly firent joie, qe ly conurent.
La dame molt bel le reçust;
Mès la veeille ne le y pust
Saluer si à grant peyne noun,
Qar el l'avoit en suspecioun.
Desus un tapit se assistrent,
D'amours un parlement y mistrent.
Trop fut près la veeille frouncie,
Qe male passioun la ocie!
Qar de parler ont poi d'espace :
« Dame, « feit il », ja Dieu ne place
Qe ceste veille vyvre puisse,
Q' el n'eit brusé ou bras ou quisse,
Qe ele soit clepe ou contrayte!
Qar s' el eüst la lange trayte,
Certes ce serroit charité,
Qe mensounge ne verité
Ne issent jamès de ses denz.
— Sire, mout ad el cuer dedenz, »
Fet la dame, « feloun corage;
Qe mort la prenge e male rage!

Trop ad en ly male racyne;
Mès qi m'enseignast medicine
Par qei ele fust asourdée,
Je l'en donasse grant soudée,
Qar petit dort et longes veyle,
Si a par tro clere l'oreyle
Auxi de nuytz come de jurs.
Um di qe veeille gent sunt sourdz,
Mès ceste ad trop clere l'oye.
— La male goute, bele amie, »
Feit il, « nus em pusse venger!
Je ne vus say autre enseigner;
Mès, pur Dieu, que frez vus de moi,
Qe taunt vus ayme en bone foy?
Grant piece a, e bien le savez,
Trés grant pechié de moy avez.
— Peché, » fet el, « bels amis chers?
Ja estes vus ly chevalers
Qe je plus aym; si je peüsse
E je le loyser en eüsse,
Veiez tauntz barrez e tanz murs,
Je vodroi estre ou vus aillours
En Espaigne ou en Lumbardye.
— Dame, » fet il, « par coardye,
Si Diu peüst mon cors salver,
Ne lerroi je pas à entrer
En cet hostel, et tant feroi
Q'uncore anuit seyenz seroi,
Si de vus qidoi esploiter.
— Venez or dount saunz respiter, »

Fet ele, « anuit, bels douz amis ;
Qar, si saienz estoyez mis
Qe de nul aparsu fussez,
Mon corps gayné averez ;
Qar pus mès ne faudrez vus ja
De venir desque cel us la
Où je serroye countre vus.
— Ensi, » fet il, « le ferrom nous ;
Je y vendroi anuit sauntz faile.
— Bien dount, » fet ele, « vus y vaile. »
    Atant lessent le conciler ;
De l'oriller e d'escoter
Fust la veeille molt entremise,
Mès n'avoit pas la chose aprise.
La dame demanda le vyn ;
Le chevaler, ce fust la fyn,
En bust, e ne mie grantment ;
Eynz regarde ententivement
La sale qe ad murs feytis
Estoit assis e apentis
Devers le mur fust descoverte,
Si ja ne fust fenestre overte,
Si pout um vere de lover ;
Qar um porroit bien un bover
Launcer par mi ou tous ces buefs ;
Pensa qe serroit à soun oefs.
Un soun esquier apela,
Priveement le councila
Q'il s'en isse, e s'en aut muscer
Joste la sale en un ligner

Qi estoit apuez al mur,
E soit là dès q'il soit obscur
E que la gent se soit cochee;
Puis mounte le mur à celee,
Si le atende à un kernel.
Cely, qe ne fust gueres bel
De remeyndre en si grande doute,
Greaunta sa volenté toute;
Qar ne le osa fere autrement.
Vers le ligner va belement,
Enbuchez est dedenz la buche
E tint en sa meyn une rusche.
E qant la gueyte avoit cornee,
Le chevaler s' ert atornee.
 Qant qida qe fust endormie
La gent, lors ne s' oblia mie,
E le chevaler ad fet taunt
Qe grant piece après l'anuytant
Sy vint dehors les murs ester;
Et um ly fet tost aporter
Une corbaille bien tornée,
De cordes bien avyronée,
Ou la aye cely desus.
Le chevaler, qe remist jus,
S'est denz la corbaille cochee,
E cil l'ount sus le mur sakee
E molt tost le ount mis a vale
De le mur desqe en la sale;
Bien ad deservy son deduit.
E la dame unqe cele nuit

Ne dormi, einz fust en entente,
Tant q'ele oie ou q'ele sente
De son amy l' aviegnement.
Vers la chaunbre va belement
Où la dame le entendoit.
Bon guerredoun rendre l'en doit
La dame, qe grant joie en a ;
Dedenz la chaunbre le mena,
E firent qanqe fere durent.
A molt grant joie ensemble furent,
Mès la veille gysoit molt près,
Qe molt avoit le cuer engrès,
E n'ert pas uncore endormie.
Entre lur deus litz n'i out mie
Une teyse, ce m'est avys ;
Un covertour covroit lur lis,
Qe bon e bel e graunt estoit,
E qe soul les deus litz covroit.
Le chevaler fist son mester
E le covertour fist crouler ;
Lors la maveise demaunda :
« File, ton covertour, q'ey ça
Qe tant l' oie aler e venir?
— Dame, je ne me pus tenir, »
Fet ele, « de grater une houre :
Seigne, ce qid, me demoure. »
Cele qide que voir ly dye,
Mès longes ne demorra mie
Ne fist le covertour crouler :
Sout les coupes le roy doner

Le chevaler, mien esscient,
Qar il ne se repose nent,
Molt ert vaillaunt en cel estour.
Sovent fesoit le covertour
Crouler e torner d' une part ;
E la veille, qe mout soud d' art
E d'engyn e de trycherye,
Pensa q' unqe pur graterye
N' ala le covertour ensi.
De son lit la maveise issi,
Une chaundelle prist desteinte,
E d' aler suef ne se est feynte ;
Vers la cusyne tint sa voie ;
Mès par mi la sale forvoie
Taunt q'en la corbaille chay.
Cil qiderent estre trahy
Qe les cordes braunler sentirent,
Vistement la corbaille tyrent ;
Sus trehent la veille chanue.
Le ciel fust estoillé saunt nue ;
Qant cele vint près del lover,
Donqe conurent li esqier
Qe ce n'est mie lur seignour.
Donqe la demeynent à dolour,
Qar la corbaille balauncerent,
De tref en autre la launcerent ;
Unqe n' ala ele à tiel hounte,
Primes avale e pus amounte.
En tel peyne e en tel torment
L' ont demenée longement,

Pur poy ne l' ont toly la vie ;
Bien qide q'il l' eye ravye
Deables ou autre malfees.
Qaunt il furent trop eschaufeez
De crouler les cordes guerpissent,
La corbaille à terre flatissent,
E la veille à une part vole ;
Qaunt el leva, se fist que fole.
A quoy ferroi je lonc sermoun ?
Taunt hordely par sa mesoun
Q'à son lit s'en est revenue
Tremblaunt come fueille menue
Qe le vent de byse demeyne.
Si com poeit parler à peyne,
Dit à la dame à grant tristour :
« Mal feu arde ton covertour !
Tel noise ad anuit demenee,
Malement me ad atornee. »
Les dames q' errerent par nuit
Mout en eürent grant desduit,
Les deuz amantz, qant l' œvre surent,
E ceux qe balauncé l'eürent.
Le chevaler ala e vynt :
Unq plus à la veille n' avynt,
Q' el levast puis qe fu cochée ;
Qant ly sovynt de sa haschée,
N'avoit talent de hors aler ;
Unqes puis taunt n' oy crouler
Le covertour, qe se remust
Pur nulle besoigne q' ele eüst.

Pur ce est droit qe mal purchace
Qe à la foiz mal à ly face.
Ataunt finist sauntz nulle fayle
De la veille e de la corbayle.

Explicit.

XLVIII

LE DIT DE LA GAGEURE

British Museum, Man. Harleien, n° 2253,
f° 118 r°.

Une fable vueil comencer,
Que je oy l'autr'er counter,
De l'Esquier e la Chaunbrere
Que comence en ytiel manere :
Un chevaler jadis estoit
Que une trés bele femme avoit ;
Ele n'amoit pas soun lygnage ;
De ce ne fist ele que sage.
Son frere estoit son esquier ;
Si ly servy de tiel mestier
Come à bon esquier apent,
E la dame tout ensement
Avoit une sue cosyne
Qe molt estoit gente meschyne ;
E l'esquyer la daunoa,
E de molt fyn cuer la ama.
 Mès avynt issi par un jour
L'esquier la requist d'amour,
E cele à sa dame tost counte
Que l'esquier requist sa hounte.

E dit la dame : « Savez bien
Qu'il vus ayme sur tote rien?
— Oïl, certes, ma douce dame;
Ce me jure il toudis par s'alme.
— Or arere, fille, tost va,
E ditez vostre amour ne avera,
Quar vus ne poez bien saver
Qu'il vus ayme de cuer enter,
S' il ne vus feïst une rien,
Et de ce vus asseurist bien,
Vo cul beiser premerement,
Si que ne sache pas la gent;
Et, quant avera toun cul beisé,
De toi fera sa volenté,
E puis me dirrez la verté
Quant il vus avera ce graunté. »
   La pucelle n'a oblié;
A l'esquier est repeyré
Que ele li dit tot son talent.
La pucele dit erralment
Que ne puet crere ne quider
Que il l'ayme de cuer enter;
Pur ce, s' il velt s'amour aver,
S'il li covent son cul beyser,
Et se ensi privéement
Ne soit aparsu de la gent,
« Quar de ce n'averez ja blame.
— Molt volenters, » fet il, « par m'alme !
Or tost terme me i metez.
— Tantost, » fet el, « si vus volez,

Là sus en icel grant jardyn ;
Desouz le perer Jahenyn
Alez, e ilec m'atendez :
Je y vendroi, se bien sachez. »
Li esquier avant ala,
E la pucele retorna
A sa dame ; si l'a countee,
Que molt ad joie demenee.
A l'esquier la envoia,
Et à soun seigneur meisme ala,
Ou bele chere, ou bel semblant :
« Sire, » fet el, « venez avaunt ;
Si verrez pur voir vostre frere
Beyser le cul de ma chaunbrere !
— Certes, » dit il, « je ne quid mie
Qu'il fereit tiele vyleynie.
— Si fera il, par seint Martyn ;
Ce mettroi un tonel de vyn. »
   La gagure ount il affermee
E as fenestres sunt alee.
La damoisele se est venue
A l'esquier, que la salue ;
Yl leve sus les dras derer,
Puis pensout si à bon mester
Li esquier à soun voler
De l'affere ne voelt failler.
Yl sake avaunt un bon bordoun,
Si l'a donné en my le coun,
Un gros vit et long et quarré,
Si l' a en my le coun donné ;

Ensi à ly de ces bras l'afferma
Ne poeit gwenchir sà ne là.
Et la dame ly escria
E hastivement li parla
Ou grosse voiz e longe aleyne :
« Gwenchez, gwenchez, gwenchez, puteyne;
Trestresse, Dieu te doint mal fyn!
J'ay perdu le tonel de vyn. »
E ly sire dist en riaunt :
« Tien tei, leres, je te comaunt,
Frapez la bien e vistement;
Je te comaund hardiement.
De lower averez, seint Thomas,
Un cheval qe vaudra dis mars!
Dame, or me diez par amour,
Ay je gayné le wagour?
Vus ne fetez mie que sage
De haier ceux de mon lynage,
Depus qe je molt tendrement
Aym les vostres entierement. »
 Et le prodhome fist son frere
Esposer icele chaunbrere;
E de pus après ycel jour,
Ama la dame par tendrour
Ceux que soun seigneur bien ama,
E molt de cuer les honora.
 De la Chaunbrere et l'Esquier
Ne est ore plus à treter.

XLIX

LA VEUVE

[PAR GAUTIER LE LONG.]

Bibl. de Turin, Man. fr. L. v. 32.

SANGNOUR, je vous velh chastoyer.
Ne devons aler ostoyer
En un ost d'ont nus ne retorne ?
Saveis coment on les atorne,
Chiaus ki sont en cel ost semons ?
On les lieve sor .II. limons ;
Si les porte on de grant ravine
Vers le mostier, pance sovine,
Et sa feme le siet après.
Chil qui à li montent plus près
Le tiennent, par bras et par mains,
Des pames batre, c'est do mains,
Car ele crie à haute vois :
« C'est merveilhe comment je vois,
Dulce dame, sainte Marie,
Con sui dolante et esmarie.
Ja Diés ne doinst con je tant voie
Ke je repas par ceste voie ;
Si soie avec mon sangnour mise,
Cui je avoi ma foi promise.

Mult m'est ceste vie aspre et sure ;
C'est merveille comment je dure! »
   Devant l'entrée del mostier,
Là recommence son mestier
De criher haut et durement.
Et li prestres isnelement,
Ki convoite l'offrande à prendre,
Reuve les chandoiles esprendre,
Ne ne fait pas longes trioles,
Car ilh convoite les chandoiles.
Cant li services est finés,
Et li cors ensi atorneis
K'ilh est couchiés, toz en envers,
En terre noire avec les vers,
La dame cort après salhir.
Ki dont le veïst tressailhir
Et les oelz ovrir et clugnier,
Et l'un poing en l'autre fichier,
Il desist bien, selonc mon sens :
« Ceste puet bien perdre son sens. »
   Cant li cors fu en terre mis,
Es vos entor li ses amis
Ki tost le ramoinent ariere
Et si le tienent par deriere
Et à son hostel le ramainent.
Si voisin, ki entor li mainent,
Li font boire de l'aigue froide,
Por ce que ses duez li refroide.
A l'entrée de sa maison,
Là recommence sa raison

De crier haut et durement :
« Vrai Diex ! que j'ai le cuer dolant !
Sire, qu'asteis vos devenus ?
Vous n'esteis mie revenus ?
Sire, con vos m'esteis enblez !
Con nostre avoirs estoit dobleiz
Et que no choze nos venoit,
Et con ilh vos bien avenoit
Aler contreval vostre cort !
Con vos seioient vo drap cort,
Sire ! Ousi faisoient li nuef,
Ki furent fait à l'an renuef.
Ahi ! con j'ai awant songié,
Encor ne l'aie je annonchiet,
De lais songes et de hisdeus !
A bien le m'avertisse Deus !
Sire, encor songoie l'atr'yer
Ke vos astiés en ce mostier ;
S'astoient andui li hus cloz.
Or astez vos en terre encloz !
Chist songes est bien avoiris.
Si songai que astiés vestis
D'une grande chape à piron ;
En cele aiwe faisiés le plon,
Ains puis ne reveniés desore ;
Or astez mors en mult pou d'ore.
Et puis me vint en mon avis,
Mais je le conte mult envis,
Chaiens venoit .I. colenbiaus,
Ki mult estoit et gens et biaus,

Ki s'asioit dedens mon soing,
Et cest assiet refaisoit soing;
Mais ne sai que ce senefie,
Sire, à ceste darraine fie. »

Dont commence li runemens,
Li conseil et li parlemens
Des parentes et des cusines,
Et des vechiens et des voisines;
Si li dient : « Ma dulce amie,
Or ne vos desconfortez mie,
Mès lessiés tot ce duel ester;
Penseis de vos remarier.
— Remarier? Male aventure!
Teneis en pais, je n'en ai cure. »
L'autres dist : « Ma belle done,
Vos reprendereis un preudome
Ki ne sera faus ne lechieres. »
Ki dont le veïst faire chieres
Et respondre par maltalent :
« Certes, je n'ai de ce talent :
De Damedeu soit ilh maudis,
Ki jamais me dira tez dis,
Car ne moi vienent pas à bel. »
Or maudist ele son lembel.

Or vos lairons chi de la dame,
Qui conte son duel et son dampne;
Si dirons après de celi
Ki ne volt faire bien por li.
Ilh fu meneis à la grant cort,
Où on le fist tenir mult cort;

Se ilh ne sout rendre raison,
On le prist à poi d'ocoison.
Sovent regratoit sa maisnie,
Cui ilh avoit suëf norrie,
Et ses parens et ses amis,
Où il avoit son avoir mis,
Et si huce à dolente chiere
Sa molhier, qu'il tant avoit chiere.
  Mais la dame est en autre point;
Une dolors al cuer li point,
Ki le sorlieve en contremont,
Car li doiens le resomont,
Ki desire à mangier char crue,
Ki n'est de paon ne de grue,
Ains est des andoilles pendans
Où li plusor sont atendans.
La dame n'a mais de mort cure,
Ains soi reblanchoie et rescure,
Et fait janise et molekins,
Et redresse ses raverquins
Et seurcos jusc'as acorez,
Et commence ses estivez,
Et veste reube à remuyers.
·Ausi con uns ostoirs muiers
Ki se va par l'air enbatant,
Se va la dame deportant,
Mostrant son cors de rue en rue;
Mult simplement les gens salue
Et les encline jusqu'en terre.
Mult souvent clout la boce et serre;

Or n'est ele pas perecheuse,
Dure ne aspre ne tencheuse,
Ains est plus dolce que canelle,
Et plus tornans et plus isnele
Ke ne soit rute ne venvole;
Avec les œlz li cuers s'en vole.
 Or vos ai dit de sa maniere,
Con faitement elle se mire.
Or vos raconterai briément
Un petit de son errement.
Le lundi comence son œvre :
Dont n'encontre blonde ne noire
K'ele ne face à li entendre,
Por tant k'ele le vœlhe atendre.
Mult est or ses corages liez;
Ele l'envoie en plusor liez
Où on n'a gaires de li cure.
La nuit n'est onkes si oscure
Ke ses cuers ne voist en vuiere,
Et dist sovent : « Ce m'est aviere,
Je avenrai bien à celui ;
Il a mult bial valet en lui,
Et chil n'aroit cure de mi;
S'or en parolent mi ami;
Et chil autre ne m'aroit œz,
Il n'a mie valhant douz œz;
Chil est trop haus et chil trop viés.
Je poroie bien faire miés. »
Ensi toute nuit estudie,
Car ilh n'est ki li contredie,

Et, cant ce vient la matinée,
Si dist : « De bune œre fui née
Ke n'ai mais privé, ne estrange,
. . . .
Ne brun, ne blanc, ne bis, ne roz ;
Or est mes chenevaus derous. »
    Or n'a ele soing de lochier,
Ne de plaidier ne de closcier,
Ains se fait mult et clere et saine.
Sovent pour le blanchir se saine,
Et, s'ele a la teste chenue,
A mult envis la porte nue ;
Ains se fait sovent sage et simple,
Et si remet avant sa guimple
Por ses viez grates recovrir
Ki rasemblent az œs ovrir.
Or n'a ele soing de repunre ;
Il ne l'estœt mie semonre,
S'on fait noces, qu'ele n'i soit ;
Or n'a ele ne fain ne soit ;
Or ne li faut fors que li rains
Ki le mal li lache des rains ;
Celui acquiert bien et porcace.
Ses enfans en sus de li chace
Et bece ausi con la geline
Ki desouz le cok s'ageline ;
Nuitons devient, ses escalchire,
Et si fait chandoiles de cire,
K'ele offre par us et par nombre,
Ke Dex des enfans le descombre

Et ke la pute mors les prengne :
« Por eus ne trui je qui me prengne ;
A! qui s'i oseroit enbattre. »
Dont se reva à iauz conbattre,
Si fiert, et grate, et pice, et mort,
Et les maudist de male mort.
Ce fait la dame, et plus aseis ;
Car, s'ele a deners amasseis,
Volentiers avec li les porte,
Et dist : « Uns hons devers la porte
Me les paya dès huy matin. »
Puis nome Tybert et Martin,
Ki l'en doient encore .vii. tans,
Et si li paieront par tans,
« Mon essient, ains .xv. dis. »
Mult se fait rice par ses dis,
Et, s'ele encontre nouveliere
Ki d'annonchier soit costumiere,
Lors s'acoste dejoste li,
Et se li dist : « Ce poise mi,
Ke ne sui auques vostre acointe,
Car vos n'esteis mie trop cointe ;
Si vos ai grant piecha amée,
Et si me sui sovent esmée
D'aler o vos esbanoyer ;
Il ne vos doit pas anoyer
Se je parole un poi à vos,
Car vos deveis monter à nos,
Ce me soloit ma mere dire ;
Mais je ai en mon cuer grant ire

De mon sangnour que j'ai perdu ;
Mais mi ami m'ont deffendu
Ke je laisse mon duel ester,
Car je n'i puis rien conquester.
Certes, mes sires m'iert mult bons,
Il me faisoit mult de mes bons
Et de chaucher et de vestir ;
Il m'avoit fait ja ravestir
De sa maison et de son estre.
Il avoit mult le cuer honeste,
Mais ilh n'avoit point le delit
Ke li preudome ont en lor lit :
Car, cant mes sire astoit couchiés,
M'ert ses cus en mon sainch fichiés.
Là s'endormoit tote la nuit,
Si n'en avoi autre deduit ;
Ce me devoit mult enuier.
Certes ja nel vos quier noier,
Mes sires s'est d'avoir sopris
Anchois que je l'euuisse pris,
Et j'astoie une baiselette
A une tenre mamelette,
Et vos astiés uns enfanchons
Ausi petis com uns pinchons ;
S'aliés corant après vo mere
Ki à la moie estoit commere ;
S'ame soit hui en bon repos !
J'ai asseis et pailes et pos,
Huges, et sieges, et chailis,
Blances cuetes et dras de lis,

J'ai assez dras lingnes et langues,
Si ai encor de douz lanages,
De la grosse, de la menue.
Ma maison n'est mie trop nue,
Ains i pert, al dire de maint,
Que preude femme et riche i maint,
Car, certes, j'ai mult bel harnais.
Je ai encor tez .II. benais,
L' uns en fu fais à mon estor,
A l'or reverseit tot entor;
Mes sires l'avoit forment chier.
Mais je n'ai cure d'anunchier
Se j'ai ce ke Dex m'a doné.
Vos conissez bien Deudoné,
Et aussi faites vos Herbert,
Et Balduin, le filh Gobert?
Saveis vos riens de lor afaire?
Onc n'i veuc mariage faire;
Mais c'est merveilhe de la gent :
On quide en tel liu de l'argent
Où il n'en a mie plenté;
Li plusor sunt mult endeté,
Mais je sui riche femme à force.
On voit asseiz del fust l'ascorce,
Mais on ne seit qu'il a dedens;
Lors avoirs va aussi ke vens.
Mais li miens est bien apparans.
Je fais asseis de dras par ans,
Et si sui preude feme et sage.
S'ai awant eü maint message

De plusors qui sont ci parent;
Li melhor en sont no parent.
Enne, connissiez vos Gomer?
Celui ose je bien nomer;
Por Gomer ne le di je mie,
Mais je vos dirai, dulce amie,
L'atrier me dist une devine,
Ki me fist estaindre sovine
Et muchier parmi un chercel,
Ke je aroie un jouvencel,
Car, certes, j'ai mult bel avoir
Por un bel jovenciel avoir.
Dulce amie, penseis de mi;
S'il n'y avoit nul vostre ami,
Ki auques fust preus et seneiz,
Il seroit mult bien asseneis.
Et vos, soiés preus et senée,
Car s'astoi par vos assenée,
Vos en ariés bon guerredon,
Se Diex me face vrai pardon.
Mais je ne vos voelh tant prometre
C'onques ne m'en soch entremetre;
Mais sachiés mult bien, tot de fit,
Se la chose torne à profit,
Vos en sereis mult bien chauchie.
Or prendez garde en la Chauchie
Et en Essem et en Nœf-borc,
Queis est li fiz dame Guibort,
Et li fiz sangnour Godefroit;
Il se fist avant ier mult froit,

Cant on l'aparla d'Issabel.
S'ilh vos devoit venir à bel,
Je ne m'en departisse anuit,
Mais je crein qu'il ne vous anuit.
Je vos mech jor al diemenche;
Si sera avec vos Clamence;
S'arons des pumes et des nois
Et de cel bon vin de l'Onois.
Alez à Deu, dame, mais ent
Revenez moi veoir sovent.
Chil qui maint delez vo maison
Me samble de mult grand raison;
Il m'a awant mult regardée,
Mais je me sui mult bien gardée
C'onques vers lui ne me tornai.
I maint uns preudons à Tornai,
Ki m'appartient de par mon pere,
Si m'a parleit d'un sien compere,
Ki est et riches et manans
Et est mult près de lui manans,
Mais il est viés, ce m'at on dit;
Si l'ai awant asseis maudit,
Car, foi que doi à Saint Linart,
Suer, je n'ai cure de vielhart,
Et, puis qu'il vient à la bescosse,
Je n'ai cure de garbe scose.
Or vous dirai d'un mien parent;
Il ne maint mie chil parent :
Il me voloit rendre converse... »
Cele le fiert à palme enverse,

Et à ce mot si s'en depart,
Et cele s'en va d'autre part
Ki en maint liu le dist et conte.
   Or en orés par tens le conte,
Con faitement la dame esploite,
Car Golyas forment le coite
Et li maus dont ele est esprise,
Qu'ele en a un sachiet à prise;
Puis qu'ele le tient en ses las,
Il se puet bien tenir por las.
S'il ne sait auques d'enviaus,
S'il n'est remuans et isniaus,
Et s'il ne sait bien cottener
Et bien froier et cropener,
Il iert al matin mal venus;
De ce ne li puet aidier nus,
Qu'il n'ait sa loche mal lavée
Tantost con la dame iert levée.
Or est li cas batus en l'estre,
Or commence li maus à naistre
Et la noise et li reprovier :
« Nos avons chaiens .i. brehier,
Un defeü, un dehuré!
Haï! com Demedex me heit,
Ki tant ou de preudomes chiés,
Et de cortois et d'ensigniés;
Si pris un chaitif par nature.
Tot chil aient malaventure
Qui m'en fisent assenement,
Car ilh m'ont mis en grant torment.

Il ne demande autre dangier
Con de dormir et de mangier :
C'est ses deduis et ses depors.
Coute jour ronke con .I. pors;
Et ne sui je bien mal venue
Tant ilh me sent delez li nue,
Et ilh se torne d'autre part.
A poi ke li cuers ne me part.
Sire, ce ne faisiés vos mie,
Ains m'appeliés trés dulce amie,
Et je vos appeloie ami;
Dont vos retourniés devers mi,
Si me baisiés mult dolcement
Et disiés al comencement :
« Ma bele dulce kastelaine,
Con vos avez dulce l'alaine ! »
Et chiz ribauz me tient plus vil
Ke le fumier de son cortilh.
Je ne le doi gaires amer,
Car fuist il ors ultre la mer ! »
Et chil respont à cele fois :
« Dame, vos astez en defois,
Je vous aïre mult envis,
Car trop aveis torbé ce vis.
On ne puet mie totans faire,
Ce savez bien, icel afaire;
Quez dyables feroit tot tans !
En non Dieu, je sui recreanz :
Se vilain ont biaz bués par hores,
Si ne sont mie tos tans mores;

On peut bien si destraindre l'ive,
K'ilh n'i a seve ne salive.
Si m'avez destraint et sachié
Ke vos m'avez à mort jugié
Et ke, bien veoir le poés,
On dist que je sui craventés;
Ce est voirs, par sainte Marie.
Trop a li hons la char hardie,
Cui li dyables sy sorprent,
Ke vielhe feme à enfans prent,
Car il n'iert ja .I. jor sans lime.
Venez avant, ma dame grime,
Si me paiés les .xxx. mars
Ke me promesistes domars
Entrosque je fesoie l'euvre
Où ilh covient la crupe mure.
— Aï », fait ele, « fouz couvers,
Vous deuuistes iestre convers
U rendus à une abeïe !
Voir, je devroi estre banie
Cant je lessai por vos Jehan,
Ki a sa terre et son ahan,
Et Godefroi et Balduin,
Et Gillebert et Focuin ;
Si pris trestot le plus malvais
Ki soit d'Orliens jusqu'à Bialvais.
Tant m'aveis tolut et emblez,
Ke n'ai mais avaine ne bleiz;
Bien est ma maison escovée.
Vous astez d'une orde covée,

Car je conoi bien vo parentes,
Les chaitives et les dolentes,
Et vos serors et vos aintains
Ki toutes sont ordes putains;
Et ne fu cele vo cusine,
Et tante fois a jut sovine
Ki out .XIIII. enfans d'un prestre?
Vos ne deveiz mie bons estre. »

   A ce mot li preudons li saut;
Ilh ne dist mie : « Dex vos saut »,
Ains le saisi par ses linbars,
Se li done des esclubars;
Tant li promet et tant li done
Ke tous ses dis li gueredone.
Cant ilh l'en ot doneit asseis,
Tant qu'il fu sus, lens et lassés,
La dame en sa chambre se muce,
Tot sans chapel et sans amuce;
Là suce ses couz et repose,
Et dist sovent à chief de pose :
« Leres, con vos m'aveis traïe!
Or m'a Dieu la mort otroïe,
Et si me mete en tele voie
Où je l'ame mon sangnour voie,
Et ke la moie le porsiuue
Et k'ele soit avec la siuue! »
A tant defent l'uis à ovrir,
Et si se fait bien chaut covrir,
Si fait faire des chaudelès,
Des restons et des wastelès;

Si se bangne tant et atempre,
Et main et soir, et tart et tempre,
Ke cele chose est trespassée.
Or est garie et respassée;
Ce m'est avis et ce me samble
Qu'andoi sont revenu ensemble.
Tant k'il pora ferir des maz,
Sera tous pardonnez li maus.
Or est li biaus chaz rehuchiez,
Or n'est ilh ferus ne tochiez,
Ains est li cossins retorneiz
Et li escamès destorneiz;
Or est ilh amez et servis;
Or a ilh tot à son devis,
Et si vos di bien de rechief :
Pitiet de cul trait leus de chief.

Vos, ki les femmes despitiés,
Por Deu vo pri et por pitié,
Sovengne vos à icele hore
K'ele est desous et vos desore.
De vos qui esteis aduin...
. . . .
Ne soiés de riens en esmai :
Li aduin ont melhor mai
Ke n'ont li felon combatant,
Ki les noises vont commenchant.
GAUTHIER LI LONS dist en la fin
Ke chil n'a mie le quer fin,
Ki sa femme laidenge et koze,

Ne ki li demande autre kose
Ke ses autres voisines font.
Je n'en vuelh parler plus parfont.

Explicit.

L

ROMANZ

DE UN CHIVALER ET DE SA DAME

ET DE UN CLERK

Man. de Corpus Christi College, Cambridge,
n° 50, f° 91 à f° 94.

Un chivaler jadis estoit
Ke femme et enfaunz avoit.
De sun cors esteit trés pruz;
A tuz esteit corteis et druz;
Sa femme estoit mult bone dame,
De vilainie n'out unkes blame;
Seinte Esglise mult amoit,
A mushter chascun jor aloit;
Par matin il i voleit estre
Bien sovent ainz ke li prestre.
Mult fu de grant religion;
A nului ne vout si bien noun.
La dame fu corteise e bele;
Si avoit une dammoisele
Ke fu la soer de son seignur.
La dammoisele nuit e jur
A la dame tut entendeit,
E son commandement feseit

Si ke n'i out unc contredit.
Li chevaler ad grant delit
De user sun tens en juer,
En venerie et en river.
Sovent haunta il les esturs;
Ilekes receut les honurs;
Chevals conquist, armes gaina,
E la dame pur li preia.
Kaunt vint à l'oshtel sojorner,
Dunc se joyna à sa muler;
Unc n'i out entre eus mesparlé,
Car pleins furent de charité.
Assez aveient terres e feuz;
L'un vers l'autre fud druz e pius,
E fu la dame bele e gente :
Tant bele n'aveit entre trente.
Bele fud la dammoisele,
Mès la dame fud cent fez plus bele ;
De beauté poer ne avoit.
La dammoisele bele estoit.
Quei vus irrei plus eslongner
De lur beauté sermoner?
Assez fu l'une e l'autre bele,
Mès meins remist à dammoisele.

 En cele vile, si com sout estre,
Estoit un vicaire, un prestre,
Que fud prodomme en sa manere.
Ne fud ne glotun ne lechere,
Bien ama Deu e seinte Esglise
E bien sustint le sien servse.

Les clerks amoit ke bien chanteient
E ke melodie feseient
En esglise pur Deu loer;
En li n'i aveit quei reprover.
Icil produm un clerk avoit
Ke de novel venuz estoit :
Bien savoit et chaunter e lire
Li clerk, e si savoit li sire.
Li clerk fu de bele estature,
Bien out en li overé Nature.
Qui de beauté vousist contendre,
En li n' avoit que i reprendre :
Apert avoit la viere,
Sur tote rien fud debonere.
La gent le amoient pur sa bounté,
Pur sa pruesce, pur sa beauté.
Le vicaire mult le ama
Kar sage e umble le trova.
Si estoit li clerk gentil,
Ne fut païsant ne nés vil,
Car fiz de chivaler estoit.
Piere e miere perdu avoit;
A la clergie se vout tenir :
De ceo se quidout mieuz guarir.
Quei vus irrai plus enioingnant?
Li clerk fud par amé taunt
De riches, de poveres ensement,
Des homes, de femmes, de tote gent,
Ke tuy parleient bien de li :
Ne vodroient k'il eüst enui.

Cil clerk, deint jeo vus ai conté,
Chascun jor en la matiné
Al mouster vint tut de premer,
Overi l'us e lessa entrer
La dame ke par matin leveit
E al mouster tantost aleit.
La dammoiselle l'i suy,
Que ne voleit estre loing de li.
Tant passa li tens avant
Ke li clerk devint amant
A ma dame sanz reison,
Ke fud de grant religion.
Cele l' ama com autre gent,
Mès il la ama tut autrement :
De amur à li parler ne oseit
Kar bone dame la saveit,
E dotout mult le sien seignur,
Ke il suth k' eust fait tel deshonur
Ke de sa femme eust felt folie
Tost i perdreit la vie ;
Mès pur eschiver grant damage
Koy se tint, e fist ke sage.
La dame rien ne savoit
Ke li clerk tant l'amoit.
Ne pensa nient de folie,
Deu ama e bone vie.
Chascun jor, kant ele mangeit,
Treis povres devant li pesseit.
La chamberere le clerk ama
Tant ke bien près se aragia.

Pur hounte ne pout descoverir
Ke maus de amur la fist sentir;
Bien vout ke le clerk la amast
E ke de amur la priast.
Ici avoit estrange amur :
Nul ne savoit de autri dolur;
La dame del clerk ne sout novele
Ne li clerk de la dammoisele.
Mult furent les dous tormenté;
La dame n'i miht unc sa pensé,
Ne ama le clerk si en Deu nun.
  Li clerk par fine foleisun
Ama tant ke il enmaladi :
Sa colur, sa beauté perdi.
De la pucele vus puis dire
Que ele entra en tel martire
Por le clerk, kar forment l'amat,
Por poi ke sun sen ne chaungat;
De fine aunguisse enmaladi.
Poi manga e meins dormi,
Perdi sa force e sa colur.
Le clerk ne sot de cele amur,
Mès por la dame languisseit;
E la dame rien ne saveit,
Kar n'ot cure de tel amur,
Ne amoit autre ke son seignur.
Le clerk ne pout plus endurer :
Tant fu fiebles ne pout aler;
Contre son lit ala coucher,
Lessa le beivre et le manger.

Li proveire sun seignur
Pur le clerk fud en tristur.
Mult le pleint, kar bien le amat,
De manger sovent le priat,
Mès por nient le feseit;
Le clerk dist qu'il ne mangereit,
Kar ne pout por la maladie.
Kant la novele fut oïe
Parmi la vile, entre la gent
Mult le pleindrent durement.
Li chivaler, la dame auxi,
Aveient grant pité de li.
 La dammoisele kant ceo savoit,
Se purpensa mult estroit
Coment peüst à li parler,
Si de rien li peust conforter.
A la dame vint, si li dist :
« Dame, merci pur Jhesu Christ.
Vous sovient il del bacheler
Ke vus soliez tout preiser,
Le beau clerk si bien chauntant?
Tant est malades ne peut avant :
Il ne atent mès que la mort.
Qui faire li peust nul confort
Il fereit aumonne e honur. »
La dame respond par douçur
Ke volentiers confort li freit,
Si il nule rien voleit
De chose ke eust en sa baillie.
La dame la dammoisele prie

Ke ele voit al clerk parler
E de sun estre demander.
Kant ceo oït la dammoisele,
Joiose fud de la novele;
Ore quida bien acomplir
Une partie de sun desir.
Quand ele fud aparaillée,
A plus tost ke pout se est hastée :
Vient al clerk, si le salue.
Le clerk avoit truble la veue,
De june avoit fieble cervele,
Ne conuht pas la dammoisele;
Ele vint près, si le appella,
De par sa dame le salua.
Kant il la dame oït nomer
Il se senti trestut leger :
Sus sailli com se tut fust sain.
La pucele tendi sa main,
E loa ke en peis se tenist.
Sur le lit lez li s'ashit,
Li demanda de sun estat :
Le clerk, ke fud fiebles e mat,
Respondi ke bien le fereit
Si sa dame amer le voleit.
Adounk se lessa chaïr jus,
A cele eure ne dist plus.
La dammoisele k' Amur destreint,
(Amur est celi qui tut veint),
Ne se pout plus avant tenir.
Tost li covint à descovrir

Son corage e son talant :
Com le aveit amé forment,
E com pur le fud travaillée,
Palle, teinte e descolurée ;
Unkes mès n'avoit à nule jor
Vers autre home si grant amur ;
Mès le clerk pur ceo li mercia,
E dist ke bien li rendera
La peine, le duel e l' enuy
Ke tant aveit suffert pur li.
Dès or ne peut li clerk celer
La peine e le grant encombrer ;
A la pucele descovri
Pur quei e come enmaladi,
E coment vivre ne poeit
Si de la dame l'amur ne aveit.
Cele se tint bien afolée
Kant li clerk out celi amée
E tel amoit ke li ne amat ;
Adonkes forment se duillat.
Al clerk ne fist unkes semblant
De sa dolur ne tant ne kant ;
Tut graanta quanqu'il voleit dire.
Mès al quor out e duel e ire.
Li clerk la damoisele requist
Ke un message li feïst
A sa dame privéement
Tantost, pur quei e coment
Suffri pur li paine e dolur ;
E s'il ne eust de li le amur

A bref terme de duel morreit,
Tant li tint Amur en destreit.
　La damoisele prist congee,
Triste e murne est retornee.
Or saveit ele bien de veir
Ke failli avoit de sun espeir,
Mès tant fist ele de corteisie
Ke son message ne cela mie.
Dist à la dame le grant dolur
Ke li clerk suffri pur s'amur;
Requist k'ele eust de li pité,
Alast le ver, pur l'amur Dé.
La dame dist k'ele ne voleit,
Kar de li cure ne avoit
Pur sa dolur ne pur sa joie.
E la pucele tote voie
Pur le clerk pleide e crie
Tant ke sa dame se humelie,
E dist ke volentiers irreit,
De sa folie le chastiereit.
La dame afublieit un mantel
D'escarlette bon e beel,
Puis dist à sa chamberere :
« Dammoisele, par vostre priere
Emprendrai ore ceo veage,
Ou turt à preu ou à damage.
E si ne faz mie ke sage :
Unkes mès en trestut mon age
Ne mespris tant vers mon seignur
Com faz ore pur vostre amur.

— Dame, » ceo dit la meschine,
« Ceo comande la lei devine
Ke hom deit le malade visiter;
Deus vus en rendra bon loer. »
 La dame s'en va, ke tant fu bele ;
Od li va sa dammoisele.
A l'ostel le clerk vunt tut dreit;
Vienent al lit où il giseit.
Li clerk la dame reguarda,
De joie k'il out colur chaunga,
Parla en haut k'il fust oy :
« Li sire qui de la Virgine nasqui
E deigna pur nus morir
Vous rende, dame, cest venir.
Mult me avez aleggé de ma paine,
Entré sui en bon simaigne. »
La dame respont come corteise :
« De vostre maladie mult me peise;
Deu, par sa sainte pieté,
Vous en doint bone saunté.
— De saunté, » fait il, « ceo ne est rien :
De ma saunté sai trés bien
Jamès saunté ne averai
Ne lunges vivre ne porrai
Si vus ne eiez merci de moi.
— Jeo merci ! » fet ele, « de quei ?
Ne me mesfeites unkes de rien,
Ne jeo vers vus; ceo savez bien.
De vos pecchez vus face merci
Deu meimes, kar ceo est en li.

— Dame, dame, » li clerk respount,
« Bien sai jeo ke de tut le mund
Est Deu juges e seignur;
Mès sacez ke ja ma dolur
Ne ert alegge si par vus nun.
— Vous ne dites pas reisun, »
Dist la dame, « ainz dites folie.
— Nun faz, par sainte Marie ! »
Dist li clerk, « si dirrai por quei :
Si vus ne eiez merci de moi,
Ke vus me grantez vos amurs,
Ja sunt terminé mes jors,
Bien sai ke ne puis vivre avant.
Ma vie, ma mort à vus comant;
Tut est à vostre volenté
Ma maladie et ma saunté.
— Coment, » ceo dist la dame, « peut estre?
Ne sui phisicienne ne prestre
Ke sache pocion doner
Ou vostre maladie oster.
— Allas! » dist li clerk, « or sui mort !
Certes, ma dame, vous avez tort.
Ne soliez bien Deu amer?
E volez ore un chaitif tuer !
Si jeo meur pur vostre amur
Jeo requer nostre Creatur
Ke il prenge de vus vengance.
Kant faire me poez aleggance,
Si issi morir me lessez,
Apert homicide serrez.

FABL. II

Le maindre mal deit hom eslire
Pur eschure cel ke est pire. »
La dame le clerk escuteit
E se purpensa mult estreit;
D'autre part li sembla fort
Si ele fust encheson de sa mort;
Corteisement respondu a
La dame, dist ke mult le ama,
E ke ele le dorreit volentiers
De ses dras, e de ses deners,
E de son or si il voleit,
Mès autre chose ne li freit;
Ceo ne avendreit à nul jor
Ke tant mesprit vers sun seignur.
Le clerk à cel mot se pausma,
La dame grant pité en ad;
Un petit le ad suslevé,
E il la dame ad reguardé,
Puis recheï com homme mort.
Pensa la dame : « Jeo ai tort;
Si cist se lest pur moi morir,
Que purrai jeo lasse devenir? »
Par sei jugie la dame e quide,
Se il meurt, que ele seit homicide.
Meuz li vaut fere un pecché
Ke seit encontre sa volenté
Ke apertement e de gré suffrir
Un tel homme pur li morir.
De bon oyl le ad aguardé,
Teint le vit e descoloré,

È tant le aveit veu bel avant !
Adunc se prist pité mult grant.
La dame sa chamberere apelle :
« Entendez ça, soer bele,
De cest homme ai grant pité ;
Si jeo ne faz sa volenté
Morra de duel, si com jeo crei,
E si il morist ceo peisereit mei.
— Ma dame, à vostre pleisir seit, »
Dist la pucele; mès ele penseit :
De la dame aveit envie
Com cele que qùidout estre amie,
E del clerk qùidout avoir ami.
Le clerk aitant ses oils overi,
Vit la dame ke ele fud pensive,
En sun corage pense e estrive ;
Un mot li dist en suspirant :
« Ma dame, à Deu vus cumand.
Kant vus ne pensez de ma saunté
Del tut sui mort e afolé. »
Dunc dist la dame : « Lessez ester
Si vus voleie m'amur granter,
Ne mie pur delit que jeo eie,
Mès pur tant ke jeo vodreie
Alegger vostre maladie,
Kei vus vaudreit aver amie,
Quant vus n'avez le poer
Ke vus pussez od li juer ?
Mès si jeo tant vus amasse
Ke jeo m'amur vus grantasse

Ke vus jussez en mun lit
E feissez de moi vostre delit,
Quant quidriez estre de vigur
Ke faire peussiez le jug d'amur
E servir une dame à talent? »
Le clerk se adresça erraument
Com il ne eüst el cors grevance :
De tel afere bien se avance,
E dist ke dedeinz le tierz jor
Assez serreit de vigour,
Kar la joie k'il avereit
Fort e vigorus li fereit.
La dame li dist k'il attendreit
Quinze jurs e dunc avereit
Sa demande sanz desturber;
Pensast de beivre e de manger.
Li clerk, si tost com ceo oy,
Merveillusement se esjoy
Tant com il feist de la cité
De Paris ke li feust doné,
Mès le lung terme chalanga.
E la dame le chastia,
Li dist le liu où il vendreit,
Le oure e quel abit il avereit.
La dammoiselle tut escouta
A ki cest covenant mult peisa,
Mès de ceo semblànt ne fist;
En sun quer pensa e dist
Ke lur covenant contereit
A son frere kant le verreit.

Traïz sunt li dous amanz
Si Deu ne lur seit guaranz,
E la dame guarde ne prent ;
Trop se sevra folement.
Ele ad del clerk pris congié
Si l'ad trei fez baisé ;
Dunc se prisa, ne pas petit,
Le clerk ; tantost guerpi son lit,
Manga et but, devint tut sein ;
Mult fu joius li chapelein.
La dammoisele ne se targa ;
Al chivaler trestut counta
De chef en autre lur afaire,
Mès le chivaler nel vout creire ;
Ele li jurad assez de sermenz :
« Fole garce, » dist il, « tu menz ;
Unkes ma femme nel pensa,
Pur nient le dites, nel creirai ja.
Mau gré vus sai de la novele.
La dame est tant e bone e bele
Ke ele ne freit ceo pur nule rien.
Vous estes fole, jeo le vei bien ;
Il semble que vous eiez la rage.
— Jeo vus durrai ma teste en gage, »
Respondi tantost la meschine,
« Si jeo vus ment de lur covine ;
E si vus meimes le volez,
Deinz bref terme le troverez.
Le liu, le terme oï deviser
Kant il voleient asembler.

— Alas! » le chivaler ad dit,
« Dunc me prise ma femme petit;
E jeo l'ai tant tut jors amé!
Si vus me aiez le veir counté,
Jeo vus ferai si grant honur
Ke unc frere à suer ne fist greinur.
Jeo serrai meimes lur espie;
Mar penserent la folie
Si jeo les peus entreprendre.
Or n'i ad for de l'attendre. »
 La dame de ceo mot ne saveit.
Kant le terme venuz esteit,
Le chivaler ad congié pris,
Dist qu'il irreit fors de païs :
A un torneement irreit,
De sun revenir nient ne saveit.
La dame quidout qu'il deist veir,
Mès failli aveit de sun espeir,
Kar le seignur tut el pensa.
Près de la vile i demora
Deskes à vespre; dunc se atornout
En tele robe com le clerk out;
Hasta sei al plus tost qu'il pout;
Mès la dame de ceo ne sout.
Par une privée posterne entra,
Desuth un perer se reposa
Où le clerk venir deveit
Si com la soer li dit avoit.
Este vus la dame est issue :
Cele part est tost venue,

Le clerk quidout aver trové.
Cil se tint tut coi e celé,
Bessa le vis e le mentun.
La dame se dota de traïson,
En son afaire aveit poür,
Reguerda, conust son seignur,
Pensa que ele fust traïe,
Mès pur tant ne s'amaya mie;
Suëf le prist par la main,
Li demanda si il fust tut sein.
Cil respondi tut coiement
De maladie ne senti nient.
La dame tantost l'ad mené,
En une chambre l'ad enfermé,
Ke forte fud e loinz de gent;
Puis si li dist corteisement
La conveniht qu'il attendist
Desques de meimes après li venist,
E dist qu'ele avoit herbergé
Dous chivalers e lour mainé;
En la sale voleit aler
Pur ses hostes reheiter,
Si leur freit appariler liz,
E quant il fussent endormi,
A li privéement vendreit,
E il de li son talent fereit.
La dame tost arere ala,
Vint al gardin, le clerk trova;
Ou li le mena en grant delit,
Si le fist cocher en son lit;

Après lez li se coucha.
Le clerk la dame acola,
Beisa e fist tot son talant.
Trop fu la dame longement,
Ceo fud avis al chivaler;
Enué fud del reposer.
Kant le clerk aveit tant fet,
Servi la dame sis fez ou seet,
Tant fu las ne pout avant.
La dame li dist en riant :
« Ore en pernez tant com voudret,
Kar jamès plus n'i avendret. »
Que volez vus? il ne pout plus.
Ele li dist : « Or levez sus,
Alez tost hors de cest païs,
Kar, si le sussent mes amis,
Tost serriez vus tut afolé,
De male gleive tut detrenché. »
La dame .xx. mars li dona;
Li clerk donc s'en ala,
L'endemain sun congié prist :
A l'escole irreit, ce dist.
Le comand la dame tint;
Unc puis en le païs ne vint.

La dame dunc en sa sale entra,
Ses serjanz trestuz appella :
« Or tost as armes com bons vassals!
Un clerjastre, un menestrauz
En ma chambre est abatu.
Gardez k'il seit tant batu

Ke bien seie de li vengié,
Fole me quidout aver trové.
Fust or mon seignur à l'oustel,
Nus li feïssom trestut el !
Unc mès ne m'avint en ma vie
Ke hom me feiht la vileinie.
Si il ne seit cher comparé,
A tuz jurs serrai vergundé. »
A tant se levent un e un ;
Un bon bastun prent chascun,
Od la dame vunt tut dreit
Là où le chivaler l'atendeit ;
Le us overi, e puis cria :
« Ore à li ! ore i parra
Si vus amez vostre seignur.
Dunc me vengez de ceo lechur !
Fetes ke mès ne eit corage
Fere à gentil femme hontage. »
Ore est li seignur mal arivé,
Kar batuz est de sa maisnée ;
Li un fiert al chef, li autre al cool ;
Ore se tint il bien pur fol.
Blescié se sent, en haut escrie :
« Merci, pur Deu, ma duce amie !
Si me ociez, vus ferez mal :
Jeo sui vostre sengnur leal ;
Par mal conseil ai meserret. »
La dame se feint mult corucée,
Respondi, com par grant irrur,
Ke ceo ne fud pas sun seignur,

Mès fud le clerjastre de la vile
Ke deceivre la quidout par gile :
« Mei quidout honir e mon baron. »
Il osta dunc sun chaperun,
E la dame le reconuht.
Tantost à ses pez coruht :
« Sire, » dist ele, « pur Deu, merci !
Ki vus quidout ore aver ici?
Forfete me sui durement.
— Par foi, » dist il, « nun estes nient,
Mais durement grant gré vus sai ;
A tuz jors meuz vus amerai ;
Vous avez feit com bone dame,
E cele ke vus miht en blame
De moi ne ert jamès amie. »
   Sa soer tantost ad enchacie,
Ama sa femme, la tint plus chere,
Kant servi li avoit en teu manere,
E sa femme après cel jor
Ama e cheri son seignur
Assez plus k' unke mès ne fiht.
De sun peché penaunce prist,
Ama Deu sor tote rien,
Unkes puis ne mespriht de rien ;
Lung tens vesqui en vie bone,
Del païs dame e matrone,
E, kant moruth la bone dame,
A Deu rendi sus sa alme.

LI

DU PRESTRE ET DE LA DAME

Bibl. nat., Man. fr., n° 19,152 (anc. S.-Germain 1830),
f° 65 r°, 1ʳᵉ col., à 65 v°, 2ᵉ col.

Icil, qui les mençonges trueve,
A fait ceste trestote nueve,
Quar il avint, à un mardi,
Que uns Prestres, devers Lardi,
S'aloit à Estanpes deduire ;
Mais ses deduiz li dut bien nuire
Ainsi com vos m'orroiz ja dire.
Mais conter vos vueil tot à tire
Comment une cointe borgoise,
Qui estoit mignote et cortoise,
Li ot mandé, n'est mie guile,
Que ses sires à une vile
Devoit cel jor au marchié estre :
Bien li ot tot conté son estre.
Que vos iroie plus contant ?
Li Prestres si esploita tant,
Et tant de la Dame s'aprime
Qu'il fu à l'ostel devant prime,
Ou fu receü sanz dangier.
La baiesse atorne à mengier

Char cuite en pot, pastez au poivre,
Et bon vin cler et sain à boivre,
Et li bains estoit ja chauffez,
Quant uns deables, uns mauffez,
Le seignor la Dame amena,
Quant au marchié ot esté ja.
Le cheval qui soef le porte,
Il s'en vint droit devant la porte;
Si la trouva molt bien fermée,
Que la barre ert tote coulée.
Quand il parla, si dit : « Ovrez
Errant et point n'i demorez ;
Por qoi m'avez la porte close ? »
Et la borgoise molt en poise,
Qui li covient la porte ovrir ;
Mais cele fist avant covrir
Les pastez soz une touaille,
Et puis après se retravaille
De repondre le chanteor,
Qui de soi avoit grant paor.
Au Provoire loe et conseille
Qu'il entrast en une corbeille,
Qui ert mise dedenz la porte.
Et cil, qui ne se desconforte,
Cel conseil ne refusa mie,
Ainz i entra, sanz nule aïe,
Que geter se velt de la frape ;
Mais il laissa aval sa chape.
Plus ne repostent ne ne firent,
Tot maintenant la porte ovrirent

Au borgois qui tendoit la muse.
Cil entra enz et partot muse,
Tant qu'il a la cuve veüe
Où la Dame estoit tote nue;
Ainz nul barat n'i estendi.
Tantost du cheval descendi,
Si l'a fait molt tost establer :
Et cil, qui n'a soing de fabler,
Qui repoz ert en la corbeille,
Icil ne dort ne ne someille,
Mais si fort de paor trestranble,
Que la corbeille et lui ensanble
Encontre terre aval chaïrent;
Cil de l'ostel pas ne le virent.
Quant il vit qu'il estoit cheüz
Et qu'il n'estoit mie veüz,
Si s'en vient enmi la meson;
Hardiement dist sa raison,
Ne parla pas comme noienz :
« Diex, » fait li Prestres, « soit ceanz ;
Ge vos raport vostre corbeille. »
Au borgois molt a grant merveille
Quant il vit ainsi le Provoire,
Et la Dame li fait acroire
Que ele le li avoit prestée.
Bien est la dame asseürée :
« Certes que ge en ai bon gaige.
— Dame, vos feïstes outraige, »
Fait li borgois, « quant en preïstes
Son gaige, ne ne retenistes. »

Or est li Prestres fors de foire :
« Dame, » fait il, « ma chape noire,
Se vos plaist, quar me faites rendre,
Ge n'ai mestier de plus atendre,
Et ma toaille et mes pastez.
— Sire Prestres, trop vos hastez,
Mais mengiez avuec mon seignor;
Si li faites itant d'ennor. »
Et li Prestres dit : « Je l'otroie, »
Qui du remanoir ot grant joie :
Il est remés sanz grant dangier.
Lors vont laver et puis mengier.
La table sist sor deus coussins;
Desor la table ot deus broissins
Où il avoit cierges d'argent;
Molt estoient bel et gent.
Lors despiecent pastez et froissent;
La Dame et li Prestres s'engoissent
De verser vin à grant foison :
Tant qu'au seignor de la maison
Ont tant doné de vin à boivre
Et mengier des pastez au poivre
Que il fu maintenant toz yvres.
Si ot vaillant plus de mil livres
En son chatel que au matin.
Lors commence à paller latin
Et postroillaz et alemant,
Et puis tyois et puis flemmanc,
Et se ventoit de sa largesce,
Et d'une trop fiere proesce

Que il soloit faire en s'anfance ;
Li vins l'avoit fet roi de France.
   Lors dist li Prestres, ce me sanble,
Que trois genz leveroit ensanble ;
Mais li borgois li contredist,
Et dit : « Merveilles avez dit ;
Ice ne porroit pas voir estre ;
Merveille avez dit, sire Prestre. »
Fait li Prestres : « Et g'i metroie.
— Et qui metroiz ? » fait il. « Une oie, »
Fait li Prestres, « se vos volez.
— Ce est gas, quant ainsinc pallez, »
Fait li borgois, qui le devée.
La parole au Provoire agrée
Et molt li plaist et atalente.
Lors vient au borgois ; si l'adente
Tot estendu encontre terre,
Et puis va la baiasse querre ;
S'il l'a mise sor son seignor ;
A la Dame fist tant d'onor
Que sor lui lieve la chemise ;
Après si l'a enverse mise ;
Entre les cuisses si li entre ;
Par le pertuis li entre el ventre ;
Là a mis son fuiron privé :
Molt seroit malvais au civé
Li connins que li fuirons chace.
Molt est fox qui tel connin trace ;
Mielz li venroit trover deus lievres,
Quar cil connins est si enrievres

Qu'il ne puet faire bele chiere
S'il n'a fuiron en sa tesniere.
De ci au borjois vos rameine,
De lui relever molt se paine,
Que, quant li Prestres boute et saiche,
Li borgois dit qu'il les esquasche
Et que desor lui a deus rosches,
Et li Prestres sone deus cloches,
Qui avoit faite sa besoigne.
Au borgois a dit sanz aloigne :
« Levez sus, que ge ne porroie
Ces trois lever por riens que j'oie :
Por quant s'en ai tel paine eüe
Que tote la coille m'en sue
Et de l'angoisse et de l'efforz. »
Dist la Dame : « N'estes si forz
Que ausi forz ou plus ne soit ;
Or paiez l'oie, quar c'est droit.
— Dame, » fait il, « par bone estraine,
Soffrez vos jusqu'à diemaine,
Vos l'aurez grasse par ma foi. »
Dit le borgois : « Et ge l'otroi,
Si l'achaterez au marchié :
Bien ai eü le col charchié.
Alez à Dieu beneïçon ! »
Atant s'en vait en sa maison,
Que saigement a esploitié ;
C'est de tel vente tel marchié.

　　Par cest flabel poez savoir
Molt sont femes de grant savoir :

Tex i a et de grant voisdie;
Molt set feme de renardie,
Quant en tel maniere servi
Son bon seignor par son ami.

Explicit du Prestre et de la Dame

LII

LE ROI D'ANGLETERRE

ET LE JONGLEUR D'ELY.

British Museum, Man. Harleien 2253,
fol. 107 v°.

Le Jouglour ne fuit losengier,
Einz fin, senez, e dreioturier;
Le Roy duement endoctrina
E come prudhome le chastia.
Delez le trosne, dessoubs le deis,
As fortz chastels, es riches paleis,
Truffeur se trovent e pautonier,
Qar mestier ert de lur mestier;
Devaunt nostre sire en pleniere cour
Sunt meint jogleur e meint lechour;
Molt bien sevent de tricherie,
D'enchauntementz e genglerie,
E font parroistre par lur grymoire
Voir come mençonge, mençonge come voire.
Prions la doulce benoicte Marie
Qe des Engleis ele eie merci,
Prions que ele vueille semoigner
Cil tregetours à sermoner
E à nostre sire donner conseil
Tiel come le loiax menestrel.

Seygnours, escotez un petit,
Si orrez un trés bon desduit
De un menestrel que passa la terre
Pur merveille e aventure quere.
Si vint de sà Loundres, en un pree
Encountra le Roy e sa meisnée ;
Entour son col porta sun tabour
Depeynt de or e riche atour.
Le roi demaund par amour :
« Ou qy este vus, sire Joglour? »
E il respount sauntz pour :
« Sire, je su ou mon seignour.
— Quy est toun seignour? » fet le Roy.
« Le baroun ma dame, par ma foy.
— Quy est ta dame par amour?
— Sire, la femme mon seignour.
— Coment estes vus apellee?
— Sire, come cely qe m'ad levee.
— Cesti qe te leva quel noun aveit?
— Itel come je, sire, tot dreit.
— Où vas-tu? — Je vois de là.
— Dont vien tu? — Je vienk de sà.
— Dont estez vus? ditez saunz gyle.
— Sire, je su de nostre vile.
— Où est vostre vile, daunz Jogler?
— Sire, entour le moster.
— Où est le moster, bel amy?
— Sire, en la vile de Ely.
— Où est Ely qy siet?
— Sire, sur l'ewe estiet.

— Quei est le eve apelé, par amours ?
— L'em ne l'apele pas, eynz vint tous jours
Volonters par son eyndegré,
Que ja n'estovera estre apelée.
— Tot ce savoi je bien avaunt.
— Don qe demandez com enfant ?
A quei fere me demaundez
Chose que vus meismes bien savez ?
— Si m'aïd Dieus, » fet le Roy,
« Uncore plus vus demaundroy :
Vendras tu ton roncyn à moy ?
— Sire, plus volenters que ne le dorroy.
— Pur combien le vendras tu ?
— Pur taunt com il serra vendu.
— E pur combien le vendras ?
— Pur taunt come tu me dorras.
— E pur combien le averoi ?
— Pur taunt comme je recevroy.
— Est il jevene ? — Oïl, assez ;
Yl n'avoit unqe la barbe reez.
— Vet il bien, par amours ?
— Oïl, pis de nuit qe de jours.
— Mange il bien, ce savez dire ?
— Oïl, certes, bel douz sire ;
Yl mangereit plus un jour d'aveyne
Que vus ne frez pas tote la symeyne.
— Beit il bien, si Dieu vus gard ?
— Oïl, sire, par seint Leonard ;
De ewe à une foiz plus bevera
Que vus ne frez taunt come la symeyne durra.

— Court il bien e isnelement?
— Ce demaundez tot pur nient :
Je ne sai taunt poindre en la rywe
Qe la teste n'est devaunt la cowe.
— Amy, ne siet il point trere?
— Je ne vus menterei, a quei feyre?
D'ark ne d'arblastre ne siet il rien ;
Je ne le vi unqe trere puis qu'il fust mien.
— Passe il bien le pas?
— Oïl, ce n'est mie gas ;
Vus ne troverez en nulle route
Buef ne vache que il doute.
— Emble il bien, come vus est avis?
— Yl ne fust unqe de larcyn pris ;
Tant com ou moi ad esté
Ne fut mès de larcyn prové.
— Amis, si Dieu vus espleit,
Je demaund si il porte dreit. »
Feit le Jogler : « Si Deu me eyt,
Qy en son lit coché serreit
Plus suef avereit repos
Qe si yl fust mounté soun dors.
— Ces paroles, » dit le Roy, « sunt neynz ;
Or me dirrez si il est seinz.
— Seintz n'est il mie, ce sachez bien ;
Car si il fust seintz ne fust pas mien,
Les noirs moynes le m'eussent toleyt
Pur mettre en fertre, come s'en serreit,
Auxi come autres seintz cors sunt,
Par tot le universe mount

Pur pardoun receyvre e penance fere
A tote gent de la terre.
— Seinte Marie ! » fet le Roy,
« Comment parles tu à moy ?
Je dis sauntz de gales e sorenz
E d'autres mals e tormentz. »
Fet le Jogler al Roy :
« Yl ne se pleynt unque à moy
De maladie qu'il out en sey,
Ne à autre myr, par ma fey.
— Bels amis, ad il bons piés ?
— Je ne mangay unque, ce sachez, »
Ensi le Joglour respount;
« Pur ce ne say je si bons sunt.
— Qe vus est, daun rybaut?
Sunt ils durs, si Dieu vus saut?
— Durs sunt il verroiement,
Come je quide à mon escient;
Yl usereit plus fers un meis
Que je ne feisse mettre en treis.
— Est il hardy e fort?
— Oïl, il ne doute point la mort;
S'il fust en une grange soulement,
Yl ne dotereit verreiement,
Ne ja n'avereit il poour
Ne de nuit ne de jour.
— Ditez moi s'il ad lange bone.
— Entre si e Leons sur Rone
N'ad nulle meilour, come je quyt;
Car unque mensonge ne dit,

Ne si bien noun de son reysyn
Ne dirreit pur cent marcz d'or fyn,
Mès qu'il ly voleit apertement fere
Mavesté de chescune matere
Ou larcyn par le pays,
Ou homicide, qe valt pys;
Sire Roy, ce sachez,
Par ly ne serrez acusez. »
Fet le Roi : « Je ne prise pas vos dys.
— Ne je les vos, que vaillent pys.
Je di bourde pur fere gent ryre,
Et je vus en countray, bel douz syre.
— Responez à droit, daunz Joglours;
De quele terre estez vus ?
— Sire, estez vus tywlers ou potters
Qe si folement demaundez?
Purquoi demandez de quele tere?
Volez vus de moi potz fere?
— E qe diable avez vus,
Que si responez à rebours?
Tiel ribaud ne oy je unqe mès.
Diez de quel manere tu es?
— Je vus dirroi, par seint Pere,
Volenters de ma manere :
Nous sumes compaignons plusours,
E de tiele manere sumes nous
Que nus mangerons plus volenters
Là où nous sumez priez,
E plus volenters e plus tost,
Qe là où nous payons nostre escot;

E bevoms plus volenters en seaunt
Qe nus ne fesons en esteaunt,
E, après manger que devant,
Pleyn hanap gros e grant;
E, si vodroms assez aver,
Mès nus ne avoms cure de travyler,
E purroms molt bien deporter
D'aler matyn à mostier;
E ce est le nostre us
De gysyr longement en nos lys
E à nonne sus lever
E puis aler à manger;
Si n'avoms cure de pleder,
Car il n'apent à nostre mester;
E nus vodroms estre tot dis,
Si nus pussoms, en gyws e rys;
E si vodroms aprompter e prendre,
E à nostre poer malement rendre;
Nus n'avoms cure de aver,
For que nus eyoms assez à manger;
Plus despondroms à ung digner
Qu'en un mois pourroms gayner;
E uncore volum plus,
Quar orgoil est nostre us,
E à bele dames acoynter,
Ce apent à nostre mester.
Or savez une partie
Coment amenons nostre vie;
Plus ne puis par vileynye
Counter de nostre rybaudie.

Sire Roi, or me diez
Si nostre vie est bone assez. »
Le Roy respoygnant ly dit :
« Certes, je preise molt petit
Vostre vie ou vostre manere,
Quar ele ne valt mie une piere.
Pur ce que vus vivez en folie,
Daheit qe preyse vo vie!
— Sire Roi, » feit le Jogler,
« Quei val sen ou saver?
Ataunt valt vivre en folye
Come en sen ou corteysie.
Et tot vus mostroi par ensample
Qu'est si large e si aunple
E si pleyn de resoun,
Que um ne dira si bien noun.
Si vus estez simple et sage houm,
Vus estez tenuz pour feloun ;
Si vus parlez sovent e volenters,
Vus estes tenuz un janglers ;
Si vus eiez riant semblaunt,
Vus estez tenuz pur enfaunt ;
Si vus riez en veyn,
Vus estez tenuz pur vileyn ;
Si vus estes riche chivaler
E ne volez point tourneyer,
Donqe dirra ascun houme
Vus ne valez pas un purry poume ;
Si vus estes hardy e pruytz,
E hauntez places de desduytz :

« Cesti cheitif ne siet nul bien ;
Taunt despent qu'il n'a rien. »
Si vus estes houme puissaunt
E serez riche et manaunt,
Dount dirra hom meyntenaunt :
« De par le deable! où ad il taunt? »
S'il est povre e n'ad dount vyvre :
« Cest cheitif tot ditz est yvre. »
Si il vent sa tere pur ly ayder :
« Quel diable ly vodera terre doner ?
Yl siet despendre e nient gaigner »,
Chescun ly velt cheytyf clamer.
S'il achate terres par la vile,
Si lur estoit autrement dire :
« Avey veu de cel mesel
Come il resemble le boterel
Qe unque de terre ne fust pleyn ?
Ensi est il de cel vileyn. »
Si vus estes jeovene bachiler
E n'avez terre à gaygner
E en compagnie volez aler
E la taverne haunter,
Vus troverez meint qe dirrat :
« Où trovera il ce qu'il ad ?
Unque ne fist gayne à dreit
Ce qu'il mangue et ce qu'il beit. »
Si vus alez poi en compagnie
E taverne ne hauntez mye :
« Cesti est escars, avers et cheytif,
C'est damage qu'il est vyf ;

Yl ne despendi unqe dener,
S'il ne fust dolent al departer :
De son gayn Dieu li doint pert,
Yl n'out unqe la bourse overt. »
Si vus estes vesti quoyntement,
Donqe dirrount la gent :
« Avez veu de cel pautener,
Com il est orguillous e fier?
Ataunt usse je de or real
Com il se tient valer fient de cheval !
Il n'i averoit si riche houme, par Dé,
En Londres la riche cité. »
Si vostre cote seit large e lée,
Si derra ascun de soun grée :
« Ce n'est mie cote de esté. »
Donqe dirra le premer :
« Assez est bone, lessez ester ;
Il resemble un mavois bover. »
Si vostre teste soit despyné

. . . .

E soit haut estauncé :
« C'est un moygne eschapé. »
Si vostre teste seit plané,
E vos cheveus crestre lessé,
Yl serra meintenant dit :
« C'est la manere de ypocrit. »
Si vostre coyfe seit blanche e bele :
« S'amie est une damoysele,
Qe ly vodra plus coyfes trover
Qe ly rybaud pust decyrer. »

Si ele est neyre, a desresoun :
« Yl est un fevre, par seint Symoun !
Veiez come est teint de charboun. »
. . . .
Si vus estes cointement chaucé
E avez bons soudlers al pié,
Si serra ascun par delee
Que vus avera al dey mostree,
E à soun compaignoun est torné :
« Ce n'est mie tot, pur Dé,
De estre si estroit chaucé. »
Dirra l'autre : « A noun Dé,
C'est pur orgoil e fierté
Que li est al cuer entree. »
Si vus estes largement chaucé,
E avez botes feutré
Et de une pane envolupé,
Donqe dirra ascun de gree :
« Beneit soit le moigne de Dee
Qe ces veyle botes par charité
Ad à cesti cheytyf doné. »
E si vus les femmes amez,
E ou eux sovent parlez
E lowés ou honorez,
Ou sovent revysitez,
Ou, si vus mostrez par semblaunt
Qe à eux estes bien vuyellaunt,
Donque dirra ascun pautener :
« Veiez cesti mavois holer,
Come il siet son mester

De son affere bien mostrer ».
Si vus ne les volez regarder
Ne volenters ou eux parler,
Si averount mensounge trové
Que vus estes descoillé !
Auxi di je par delà
Come l'ensaunple gist par desà,
Si ascune dame bele
Ou bien norrie damoysele
Par sa nateresse e bounté
De nulli seit privée,
Ou si ele tant ne quant
Fasse à nully bel semblaunt,
Ou si ele vueille juer :
Cele est femme de mester
E de pute manere
E à gayner trop legere.
Si ele soit auqa hontouse
E de juer dangerouse :
« Veiez come ele se tient souche !
Bure ne destorreit en sa bouche. »
Coment qe ele ameyne sa vie,
Rybaudz en dirront villeynie.
Si volenters alez à mostier
E à Dieu volez prier
De vos pechiés remissioun
E de fere satisfaccioun,
Si dirra ascun qe vus regard :
« Ja de vos prieres n'ey je part,
Qar vus n'estes qe un papelart;

Vos prieres serrount oys tart. »
E si vus alez par le moster
E ne volez point entrer,
Donqe dirra vostre veysyn :
« Cesti ne vaut plus qe un mastyn ;
Si Dieu me doint de son bien,
Cesti ne vaut plus que un chien. »
Si vus volenters volez juner
Pur vos pechiés amender,
Dount dirra li maloré :
« Où à deables ad il esté?
Yl ad soun pere ou mere tué,
Ou ascun de soun parentee,
Ou femme, file ou enfaunt.
Pour ce qu'il june taunt ».
Si vus sovent ne junez,
Donqe dirrount malorez :
« Cesti mavais chien recreant
Ne puet juner taunt ne quant,
Le bon vendredy ahorree
Prendreit il bien charité
Trestot par soun eyndegré
Ja de prestre ne querreit congé ».
Si je su mesgre : « Bels douz cher,
Mort est de faim ; il n'a qe manger ».
E, si je su gros e gras,
Si me dirra ascun en cas :
« Dieu ! come cesti dorreit graunt flaut
En une longayne, s'il cheit de haut ! »
Si j'ay long nees asque croku,

Tost dirrount : « C'est un bercu. »
Si j'ay court nees tot en desus,
Um dirrat : « C'est un camus. »
Si j'ay la barbe long pendaunt :
« Est cesti chevre ou pelrynaunt? »
E si je n'ay barbe : « Par seint Michel !
Cesti n'est mie matle, mès femmel. »
E si je su long e graunt,
Je serroi apelé geaunt ;
E si petitz sei de estat,
Serroi apelé naym et mat.
Dieu ! come le siecle est maloré,
Que nul puet vivre sanz estre blamé !
Plus y avereit à counter,
E assez plus à demaunder ;
Mès je ne vueil estudier
Si vus ne me volez del vostre doner ;
Car ensi va de tote rienz
E des malz et des bienz ;
Car nulle rien ne purroi fere
Qe um ne trovera le countrere. »
    Donqe dit le Roi : « Verroiement
Vus dites voir, à mien ascient.
Quei me saverez vus counsiler ?
Coment me puis countener
Et sauntz blame me garder,
Que um me vueille mesparler ? »
Respound le Joglour al Roy :
« Sire, moun counsail vus dirroy :
Si vus vostre estat veillez bien garder,

Ne devrez trop encrueler,
Ne trop estre simple vers ta gent;
Mès vus portez meenement;
Car vos meymes savez bien
Qe nul trop valt rien :
Qy par mesure tote ryen fra
Ja prudhome ne l'y blamera.
Par mesure meenement
Come est escrit apertement,
E le latim est ensi :
Medium tenuere beati.
Qy ceste trufle velt entendre,
Auke de sen purra aprendre;
Car um puet oyr sovent
Un fol parler sagement.
Sage est qe parle sagement,
Fols come parle folement. »

Explicit du Roy et du Jouglour.

LIII

LA CONTREGENGLE

Bibl. nat., Man. fr. 837 (anc. 7218),
fol. 214 r° à 215 r°.

FABLOIÉ as or longuement
Et moi ledangié durement:
Si te vient de grant ribaudie;
Mès qui biau veut oïr, biau die;
Ceste resons bien i afiert,
L'une bontez l'autre requiert.
Tu es fols de contralier,
Quar l'uevre loe bien l'ouvrier.
Moult me torne or à grant anui
Quant tu demandes qui je sui.
Tu me demandes que je sai;
Mès je voudroie qu'à l'essai
Fussons ore, entre toi et moi,
Liquels set plus. Foi que doi toi,
Tu paroles moult folement.
Si me fez si .I. argument
Et .I. sofisme tout boçu.
Mès, chetis houliers, qui es tu ?
Nul bien al siecle tu n'entens;
Or, di quels est tes argumens;

Va aprendre; bien t'est mestiers.
Tu es et moult baus et moult fiers;
As tu ci nul de tes parenz?
Tu te fez prone entre les genz,
Et si vous veus ci faire entendre
Que nus ne te porroit aprendre
Por ce qu'il te facent aïue.
Tu n'as pas ta borde vendue,
Qui ainsi bestornes les nons.
Tu es li sages Salemons,
Qui tant aprist que en folie
Torna le sens de sa clergie.
Tant as vescu que tu radotes,
Et t'est avis que, por .II. cotes
Que tu as environ tes os,
Que nus ne soit jamès si os
Que il devant toi parler ost
Ne plus que devant .I. provost.
Ce est coustume de chetif
Et de truant ribaut faintif
Que, quand il vient à .I. poi d'aise,
Dont ne voit rien ne li desplaise.
De maigre poille par nature
Plus male d'autre est la morsure.
Ne deüsses pas avoir cote
Qui fust entire? mès la hote
Ce deüst estre tes mestiers,
Et fien porter en .II. paniers.
Mestier n'as entre seule gent
Qui en els aient escient.

Va seoir o tes vieilles sordes ;
Celes dois tu pestre des bordes.
Tu ne dois pas porter viele
Ne mengier en nete escuele,
Mès en une auge avoec porciaus.
Forche, pele, besche, flaiaus
Dois porter et itel merrien ;
Dieu te desfende de tout bien,
Et il te gart de ton salu.
Poi m'as grevé et poi valu ;
N'i bée ja que mes mestiers
Puist empirier de tels bordiers.
Quar pleust ore Dieu et Saint Leu
Que samblaisses aussi bien leu
Que tu resambles .I. asnier.
Or esgardez quel charruier,
Comme est bien tailliez à vilain.
Seignor, or soiez tuit certain
Qu'il est du plus mauvais lingnage
Qu'ainc veïssiez en vostre eage ;
Por ce di que tels pautoniers
Ne se puet grever .II. deniers.
Fui d'eci, quar tu es ribaus ;
Ne vaus pas certes .II. chiez d'aus,
Non pas ribaus, mès ridolenz.
Male goute aies tu ès denz
Tu es un ribaus pailletous ;
Je t'ai veü par maintes cors
Que tu n'avoies pas vestu
Vaillant .III. solz. Mès qui es tu ?

Qui fu ton pere et qui ta mere ?
Je les conui bien, par Saint Pere :
Tes peres embla .1. tabar
Par qoi il fu penduz à Bar,
Et en meïsme cele anée
Fu ta mere à Provins plantée ;
Je vi une teue seror
Qui espousa .1. lecheor ;
Andui furent planté ensamble
A Miaus le Chastal, ce me samble ;
Por .1. sorcot qu'ele ot emblé
Furent ensamble audui planté.
Encor n'a gueres que je vi
A Sens, .1. jor de samedi,
En l'eschiele .11. granz meschines,
Qui près estoient tes cousines,
Qui en faus plet furent trovées ;
En Yone furent getées.
Estrais es de pute lingnie
Je revi ja de ta mesnie
Lez moi que j'avoie à voisins
.II. maus larrons de tes cousins ;
Andui furent par bougresie
Ars en milieu de Normendie.
Por ce me torne à grant despit
Que .1. tel ribaut me mesdit.
Ja bons ne seras, par Saint Pere ;
Li fils doit resambler le pere ;
Chetiz es et chetiz seras,
Ne ja nul jor n'amenderas.

Par tant n'auras de qoi tu vives.
Por ce me poise quant t'estrives
A moi et que tu me deshonte.
Dont te vient il ? A toi que monte ?
Chascuns ribaus si devient prone
Quant il fet tant que il larrone
.IIII. deniers ou .v. ou sis,
Si veut estre ou haut dois assis;
Mès tu auras le pelori;
Jamès ne t'en verra gueri.
Si t'aït Diex, où emblas tu
Cel sorcot que tu as vestu ?
Or emble tant que tu porras;
Por .I. pendre quites seras.
Trop par esprens à .I. besoing;
Tu n'as de l'autrui chose soing,
Se nel pues tolir ou embler.
Hé Diex! com vaillant bacheler!
Comme est servanz et de grant pais!
Diva, fol ribaus, quar te tais;
Si te va pendre à .I. gibet.
Tu ne sais rien fors que d'abet,
De mespoins et de fortreture;
Mès de ce n'ont preudomme cure.
Ja n'est il nus hom qui Dieu croie
Qui en moustier entrer te voie;
Tu as toute usée ta pel
En la taverne et au bordel.
Tu trueves ainz c'on ait perdu.
Or te voi je tout esperdu;

Or soit ore tout en respit
Si recordé ce que j'ai dit.
Mès tu ne sez nule rien dire ;
Tu ne fez rien fors d'autrui lire.
Tu vas autrui mort conquerant,
Dont tu aquiers maint mal voillant.
Quanque tu as ici jenglé
As tu d'autre leu descenglé ;
Je suis près de ce à prover
Que tu m'as ci oï conter.
Je n'i vueil metre plus d'alonge ;
Aconsiurre vueil ta mençonge,
Mès les oevres dont tu te prises
N'as tu pas encor bien aprises.
En toi n'a se les bordes non,
Ne n'es tu pas de grant renon
Si comme autre menestrel sont
Qui aus granz cors les robes ont.
Mès toi, por qoi les donnoit l'en ?
En toi n'a proece ne sen,
Dont l'en te doinst .1. oef pelé.
Musart or t'ai bien apelé ;
Tu ne sez ne bien ne honor.
Onques mès, par le Sauveor,
Ne vi si fol ni si musart.
Va, si te pent à une hart ;
Feus t'arde l'eschine et les flans ;
Va toi repandre souz ces bans
Con povre chose et nice et fole ;
Et fols est qui a toi parole ;

Mès Fortune t'a or bien fet
Qui t'a encressié et refet.
N'ai cure d'à toi estriver,
Quar bien tost me porroie irer
De corouz et de mautalent.
Mès se ce n'estoit pas la gent
Et por mes amis ahonter,
Je te feroie mesconter
De ces degrez une partie.
Or t'en va, si ne revien mie
En leu où me saches ne voies,
Que tu tendroies males voies.

Explicit la Contregengle.

LIV

[DES ESTATS DU SIECLE]

Bibl. de Genève, Man. fr., 179 bis,
fol. 37 et 38.

Nous lisons une istoire, ou fable,
D'un qu'avoit .I. fil non estable,
Qu'au comancement de sa vie
Regarda l'estat de Clergie,
Et vit qu'il est trop precieux,
Trés aisiés, trés delicieux.
Les Clers ont les prelations,
Les rantes, les possessions,
Les grans palaffrois, les chevaux,
Les vins vieux et les vins nouveaux,
Devant tous autres la parole.
Si se prist aler à l'escole,
Et cuyda bon Clerc devenir
Et cel grant estat maintenir.
Quant vint après .III. ans ou quatre,
Il regarda les enfans batre,
Et la poine qu'il convient traire,
Quant uns homs se veut por Clerc faire,
Matin lever et tart cuchier,
De jour panser, de nuyt songier,

Et les autres affliccions
Qui sont nès ès prelations ;
L'estat de Clergie desprise,
Et dist que mieux vaut Marchandise.
Marchans gagnyent ardiement,
Merchans vivent aisiement,
Marchans puent prouffit aquerre
Et en la mer et en la terre.
 Lors fist ses nefz appareillier,
Outre mer s'en vait por gagnier,
Mais, quant fust en la mer profonde,
Regarda le peril de l'onde,
Et se santist le cuer amer
Par l'esmeuvement de la mer.
Tantoust arriere s'en retourne ;
A cultiver terre s'atourne.
 Cilz, qui avoit le cuer volage,
Commencza louuer cultivage,
Quar l'en puet gagnier en cultil
Sans grant travail et sans peril,
Sans aler loing de sa maison.
Mais après vint une saison,
Quant il cuida grant gaing aquerre,
Sa semence pourrist en terre
Et ne gita herbe ne grain.
Si se sentist por fol vilain,
Et jura par sa main senestre
Que Chevalier lui convient estre,
Quar Chevaliers ont les honneurs
Et les estas de grans seigneurs.

Sans main mettre, l'en leur aporte
Tout ce qui leur faut à leur porte.
L'en les sert à grant diligence,
A honneur et à reverence ;
Chacun doubte les Chevaliers.
Quant eulx moynent leurs escuiers,
Leurs hommes avoec leur pennallye ;
N'est rien ou monde qui leur fallye.
Qu'à Chevalier fait vilenie,
Il n'est pas seür de sa vie.
 Tantoust Chevalier se fist faire.
Mais après luy vint .i. contraire,
Que luy convient aler en guerre
Por son païx et por sa terre,
Et s'arma, selon la coustume,
Des armes qui ne sont pas plume,
Et il mist l'eaume en sa teste ;
Ne le tient pas n'à jeu n'à feste.
Après, quant vist la chivauchie
Des enemis qu'ont aprouchie,
Et qui se moustroint en appart,
Lors voulsist bien estre autre part
Et pensa, s'il n'estoit delivres,
Qui luy dondroit .x^m. livres,
Quar tel estat plus ne tiendroit
Pour le peril qu'il y veoit.
 Si se trouva estre Avocas,
Et vist, entre tous les estas,
C'est celli par qui mieux luy samble
Que l'en met plus d'argent ensamble.

Avocas gagnyent sans grant poine.
Quant .I. homs sa cause demoine
Par Avocat, qui tout jour tire,
Il se puet bien tenir de rire,
Quar, s'il a point d'argent en borse,
Li Avocas en fera trousse.
Tantoust prist l'abit d'Avocat;
De Chevalier laissa l'estat.
Quant vint après, en .I. fort plait,
Ses aversaires avant trait
Tant de coustumes, tant de droès,
Tant de canons et tant de loès,
Et tant de desmandes luy baillye
Que il ne scet quel par qu'il alye.
Si propousa en son courage
Qu'il se mettroit en Mariage.
 Quant .I. homs a sa preude feme,
Sage, sutil, de bonne fame,
Elle governe la maison
Et tout commande par raison.
Moult d'aise fait à son mary;
S'elle luy voit le cuer mary,
Trés doucement le reconforte;
Assés d'autre prouffit luy porte.
Pour ce tantoust se maria
Pour le grant aise qu'il y a.
Après, quant son estat cognoit,
Ne trueve pas ce qu'il cuydoit;
Si tient en despit Mariage,
Et se mist en .I. reclusage,

Et propousa toute sa vie
Estudier Astronomie,
Et savoir du ciel la nature;
Quar de la terre n'a plus cure.

NOTES ET VARIANTES

DU PREMIER VOLUME

Les mots marqués de l'astérisque sont des corrections faites aux manuscrits.

I. — Des .ii. Bordeors ribauz, p. 1.

A. — Paris, Bibl. nat., Mss. fr. 19152, fol. 69 v° à 70 r°.
B. — » » » 837, fol. 213 v° à 214 r°.

Le ms. 354 de Berne contient ce fabliau sous le titre de : « Li esbaubismanz lecheor ».

Publié d'abord par B. de Roquefort, *De l'état de la Poésie françoise*, 1815, p. 290-305, d'après le ms. A. — Publié ensuite comme inédit par A. C. M. Robert, de la Bibliothèque Sainte-Geneviève, *Fabliaux inédits*, 1834, p. 16-26, et par Achille Jubinal, *Œuvres complètes de Rutebeuf*, 2ᵉ éd., 1875, III, 2-14, d'après le ms. A; donné en extrait par Legrand d'Aussy, éd. Renouard, II, 369-392.

Le ms. B porte comme titre : « La gengle au ribaut ».

Vers 8 — Com tu es. B, *Vez comme es.*

9 — *gaagnaige. A, *gaaigne.*
11 — bones. B, *beles.*
14 — cuit. B, *croi.*
19 — Tu. B, *Qui.*

22 — un cureur. A, *une uevre.* B, *une oevre.* C'est évidemment le sens d'*œuvre* qu'il faut adopter comme leçon.

24 — d'amone, leçon de Robert. A, *d'aucone.* B, *d'aucune,* qui est la bonne leçon.

27 — Lechieres. B, *Et lechier.*
29 — Cils homs, com. B, *Com cils homs.*
30 — robe. B, *cote.*
31 — N'a u. B, *N'aura.*
32 — Or esgardez. B, *Veez or en.*
35 — quant tel. A, *quant que.* B, *quanques.*
39 — bone œuvre. B, *oevre bons.*

40 — *Tu sanbles un. A, *Tu sanble un.* B, *Ainz es uns ors.* — bouvieis. A, B, *bouviers.*

42 — un meneur. B, *meneres.*
43 — Miels. B, *Molt miels.* — faces. B, *fez.*

46 — Diex t'aïst. B, *t'aïst Diex.* — s'onques tu as, lisez *s'onques tuas.* B, *se tu tuas.*

50 — Pour Dé. B, *Pour ce.*
53 — repondre. B, *respondre.*
54 — on. B, *l'en.*
58 — conter. B, *chanter.*
63 — et, lisez *ou.*
65 — B, *Chanter el monde n'i a tel.*

66 — On remarquera que, dans l'énumération des chansons de geste, la plaisanterie consiste à emprunter à deux chansons différentes les éléments de deux nouveaux titres combinés deux à deux. Ici « Guillaume au tinel » est une allusion à « Guillaume au cort nez ».

68 — « Renoart au cort nés », allusion à « Renoart au tinel ».

69 — com. B, *quant*.

70 — d'Aie. B, *d'Aien*. — « Aïe de Nanteuil », allusion au roman d'« Aïe d'Avignon ».

72 — Garins. A, B, *Garnier*, qui est la bonne leçon. — « Garnier d'Avignon », allusion à « Garnier de Nanteuil ».

74 — « Guyon d'Aleschans », allusion à « Guy de Bourgogne ».

75-76 — Manquent dans B. — « Vivien de Bourgogne », allusion à un roman perdu portant le titre de « Vivien d'Aleschans », qui a dû précéder la « Chevalerie Vivien » et « Aliscans », rattaché plus tard à la Geste de Guillaume au court nez.

76 — « Bernart de Saisoigne », allusion à « Bernard de Brabant », personnage de la maison de Monglane, héros d'une chanson perdue. Cf. G. Paris. *Hist. poét. de Charlemagne*, p. 79.

77 — Guiteclin. B, *Guidequin*. — « Guiteclin de Brebant », allusion à « Guiteclin de Saisoigne », c'est-à-dire à la « Chanson des Saxons ».

78 — « Ogier de Montauban », allusion à la chanson d'« Ogier le Danois ».

79-98 — Manquent dans B.

80 — « Renaut le Danois », allusion à « Renaud de Montauban ».

85-86 — « Gauvain et Kex », personnages des romans de la Table ronde, qui se prennent ici mutuellement leur épithète ordinaire.

87 — « Perceval de Blois », allusion à « Perceval le Galois ».

88 — « Pertenoble le Galois », allusion à « Partenopeus de Blois ».

95 — Allusion au roman de « Flore et Blanchefleur ».

98 — « Tibaut de Viane », allusion à « Thibaut d'Aspremont », chanson de geste perdue aujourd'hui et que ce passage nous révèle.

99 — « Girart d'Aspremont », allusion à « Girart de Viane ».

100 — n'est. B, *n'a*.

102 — Grant despit ai com. B, *Si ai desdaing quant*.

107 — recouvriers. A, B, *recouvrier*.

110 — Se de ma main voloie ovrer. B, *Se je m'en voloie à ovrer*.

112 — Entre le vers 112 et le vers 113, le ms. B donne les 16 vers suivants, qui répètent avec des différences les vers 79-98 du ms. A :

> Mès de chanter n'ai ore cure.
> Si sai de romanz d'aventure
> Qui sont à oïr delitable;
> Je sai de la roonde table,
> De G. (Gauvin) sai, le mal parlier,
> Et de Keu, le bon chevalier;
> Si sai de Percheval del bois,
> Et de sire Yvain le Galois
> Sai je plus de .LX. lesses.
> Et tu, chetis, morir te lesses
> De mauvestié et de perece.
> En tout le monde n'a proece
> De qoi tu te puisses vanter,
> Mès je sai aussi bien chanter
> Et en romanz et en latin
> Ausi au soir comme au matin.

113 — à. B, *en*.

115 — D'ues friz. B, *Desus*.

126 — B, *En ceste monde n'a nule riens*.

133 — nel lairai que ne vos. B, *ne lairai que ne te*

134 — une. B, *tel*.

135 — grantz, lisez *granz*.

136 — fax, lisez *fox*. — B, *Et tu, que fez, di, folz noiens*. — Le ms. B ajoute après ce vers :

> Bien pert que tu es fols naïs ;
> Que quiers tu donc en cest païs ?

137 — Tu ne sai pas, lisez *Tu ne sez pas*. B, *Quant tu ne sez*.

138 — force. A, B, *toz les*.

140 — Trenchefonde, lisez *Tranche-fonde*.

141-142 — Ces deux vers sont intervertis dans B. — On lit dans A : *Gros-groig, poig*.

142 — B, *Qui assomme le buef del poing*.

143-144 — Ces deux vers sont intervertis dans B. — Trenche-fer. A, *Tranche-fer*. — B, *Et Runge-fer et Trenche-foie*.

144 — qu'il, lisez *que il*.

145 — B, *Et Mache-buignet et Guinant*.

150 — pour, lisez *par*.

151 — ici. B, *ceens*.

152 — B, *Certes l'en te devroit tant batre*.

156 — por, lisez *par*. — * bouton. A, *vouton*. B, *voton*, qui n'a pas de sens.

158 — vuideor. B, *humeor*. — brouet, lisez *broet*.

159 — humerre. B, *vuideor*.

160 — poi se tient. B, *petitet*.

161 — pas, lisez *por*.

165 — sur, lisez *sor*. — main, lisez *mein*. — B, *Qui sur chetif homme met main*.

167 — somes. B, *savons*.

171 — Fu de ci. B, *Or t'en va*.

173 — grosse. B, *grant*.

175 — par, lisez *por*.

176 — Nos. B, *Quar*.

177 — A partir de ce vers, la version du ms. B est

toute différente de celle du ms. A, et a été publiée dans le second volume de cette édition (p. 257-263) sous le titre de « La Contregengle ». Nous n'avons donc plus à nous occuper ici que des corrections à faire au ms. A.

186 — beaux, lisez *beax*.
187 — * haute; ms., *hautes*.
190 — * mal parliers; ms., *menteors*.
191 — cointereax, lisez *cointerax*; — * menteors; ms., *mal parliers*.
197 — cueur, lisez *cuer*.
198 — sés, lisez *sez*.
200 — Sés, lisez *Sez*.
205 — jongleres, lisez *jugleres*.
215 — arrumaire, lisez *artumaire*.
218 — vueil, lisez *vueill*.
221 — prudhomes, lisez *preudhomes*.
223 — Tous les noms que nous voyons donner dans ce fabliau à des seigneurs ou à des sergents avaient peut-être pour les auditeurs du temps une application personnelle.
226 — Tosjors, lisez *Tozjors*.
234 — connois, lisez *conois*.
236 — vaincu, lisez *veincu*.
238 — tosjors, lisez *tozjorz*.
242 et 252 — coup, lisez *cop*.
246 — conois dusqu'à, lisez *connois jusqu'à*.
248 — connoi, lisez *connois*.
253 — Arrache, lisez *Errache*.
261-262 — Ces deux vers sont intervertis à tort. — Quauquelin, lisez *Gauquelin*.
263 — Funde, lisez *Fonde*.
264 — tos les bons sirjans, lisez *toz les bons serjans*.
267 — tan, lisez *tant*.
269 — sont plus, lisez *plus sont*.

272 — Hotte, lisez *Hote*.
273 — Torne-Enfine, lisez *Torne-en-fuie*.
284 — * beax; ms., *beau*.
289-298 — Tous les fabliaux dont parle ici notre trouvère sont connus ; celui de « Dame Erme », qu'on ne connaît pas sous ce nom, n'est autre que « le Villain de Bailleul ».
292 — els, lisez *elz*.
306-319 — Les chansons de geste et les héros d'épopée que cite notre auteur sont dans la mémoire de tous : *Berthe aux grands pieds*, les *Loherains*, la *Chanson de Roland* et autres poëmes du cycle carolingien ; *Ogier le Danois*, les *Quatre Fils Aymon*, le *Couronnement Looïs*, *Beuve de Comarchis*, *Foulques de Candie*, le *Moniage Rainouart*, etc.
331 — Ne parle, lisez *Ne parler*.
336 — Le ms. porte « noz parole » ; pour la régularité du vers, il vaut mieux lire *no parole*.

II. — DES TROIS BOÇUS, p. 13.

Paris, Bibl. nat., Mss. fr. 837, fol. 234 ; lisez *fol.* 238.

Publié par Barbazan, II, 125 ; par Méon, III, 245-254 ; par Renouard dans Legrand d'Aussy, IV, app. 27-30, et traduit par Legrand d'Aussy, IV, 257-263.

Vers 83 — deffendu, lisez *desfendu*.
105 — Ez-vos, lisez *Ez-vous*.
118 — Es-vous, lisez *Ez-vous*.
167 — arriere, lisez *arrier*.
227 — Jel, lisez *Tel*.
230 — * fust; ms., *fus*.
262 — grand, lisez *grant*.

265 — durement; lisez *duremant*.

Ce fabliau se retrouve dans Straparole, *Nuit V, nouv.* 3. Cf. Loiseleur Deslongchamps, *Essai sur les fables indiennes*, p. 157, et Straparole, éd. Jannet, I, xxviij.

III. — Du vair Palefroi, p. 24.

Paris, Bibl. nat., Mss. fr. 837, fol. 348 v° à 355 r°.

Publié par Méon, I, 164-208, et traduit par Legrand d'Aussy, IV, 220-235.

Vers 26 — cueurs, lisez *cuers*.
38 — pourrez, lisez *porrez*.
39 — Champaigne, lisez *Champaingne*.
44 — proesce, lisez *proece*.
51 — preudome, lisez *preudomme*.
52 — some, lisez *somme*. — De même pour un certain nombre d'autres mots de ce fabliau qui, écrits avec une seule *m*, en ont deux dans le ms.
147 — faisoit, lisez *fesoit*.
194 — convenoit, lisez *couvenoit*.
226 — deffere, lisez *desfere*.
236 — Ou soit à joie, ou soit à rage, lisez *Ou tort à joie, ou tort à rage*.
243 — convoite, lisez *couvoite*.
255 — suis, lisez *sui*.
389 — accordast, lisez *acordast*.
419 — vuet, lisez *veut*.
420 — promettre, lisez *prometre*.
438 — oncle, lisez *oncles*.
456 — senz, lisez *sanz*.
463 et 466 — convenant, lisez *couvenant*.
482 — l'acoitiez, lisez *la coitiez*.

487 — Galardon, « *Gallardon* », petite ville de la Beauce (Eure-et-Loir, arr. de Chartres).

497 — Guillaume, lisez *Guillaumes* pour la mesure du vers.

502 — eslirre, lisez *eslire*.

539 — aparcevoir, lisez *apercevoir*.

582 — preudom, lisez *preudomme*, qui dans la phrase est au régime.

613 — ceste afere, lisez *cest afere*.

635 — convoitise, lisez *couvoitise*.

640 — grans avoir, lisez *granz avoirs*.

698 — sans, lisez *sanz*.

720 — effraée, lisez *esfraée*.

730 — effroiz, lisez *esfroiz*.

789 — elle, lisez *ele*.

792 — *Là-sus; ms. *Lais,* qu'il faut peut-être mieux lire *Laiens*.

803 — besoigne, lisez *besoingne*.

804 — pardoigne, lisez *pardoingne*.

835 — sans, lisez *sanz*.

898 — deffere, lisez *desfere*.

902 — grand, lisez *grant*.

943 — jor, lisez *jors*.

963 — Le vers est faux ; il faut corriger : *li amena*.

1020 — Vincestre, « *Winchester* », ville d'Angleterre, comté de Hampshire.

1107 — alé, lisez *alez*.

1119 — sait, lisez *set*.

1138 — fu, lisez *fust*.

1141 — aille, lisez *j'aille*.

1151 — poterne, lisez *posterne*.

1161 — garnemens, lisez *garnemenz*.

1215 — Besié, lisez *Besie*, pour la mesure du vers.

1286 — effroi, lisez *esfroi*.

1297 — meffet, lisez *mesfet*.
1306 — deffet, lisez *desfet*.
1322 — convenables, lisez *couvenables*.
Imbert a imité ce fabliau.

IV. — Des trois Avugles de Compiengne, p. 70.

A. — Paris, Bibl. nat., Mss. fr. 837, fol. 73 v° à 75 r°.
B. —   »   »   »   1593, fol. 105 r° à 107 r°.
C. —   »   »   »   12,603, fol. 240 v° à 242 v°.
T. — Fragment trouvé dans la Bibl. de Troyes, aujourd'hui à la Bibl. nat., comprenant seulement les vers 151-293.

Il y a dans B, C et T des différences d'orthographe trop nombreuses et trop insignifiantes pour être données.

Publié par Barbazan, III, 68; par Méon, III, 398-408, d'après le ms. A; par Renouard dans Legrand d'Aussy, III, app. 5-9, et analysé par Legrand d'Aussy, III, 49-57.

Vers 1-5 — B :

 Une aventure conterai
 D'ou le fablel vos en dirai.
 Je tien le menestrel molt sage
 Qui en trover met son usage
 Quant il dit fabliaus et contes.

On lit dans C :

 Une matere conterai
 Dont le flabel vous dirai.
 Je tieng le menestrel à sage
 Qui en trouver met son usage
 Dont on fait fabliaus et contes.

6 — dus, devant. B, *rois et devant*. C, *rois, dus et*.
7 — B, *Fabliaus sont bon à raconter*.
8 — mesconter. B, C, *oblier*.
9 — meffet. A, *mesfet*.

10 — Cortebarbe. C, *Cointebarbe.* — a cest fablel. B, *a ce fablel.* C, *a cestui.*

11 — B, *Je croi molt bien qui l'en soveigne.*

14 — B, *Entr'aus .III. nul garson n'avoient.* C, *Entr'aus .III. .I. garchon n'avoient.*

19 — furent. B, *yerent.*

21 — aloient. B, C, *venoient.* — Senlis. C, *Saint Lis.*

22 — qui venoit. B, C, *revenoit.*

24 — sommier. B, *garson.*

25 — Et bel. B, C, *.I. bel.*

26 — vint. B, *vit.* C, *vient.*

27 — C, « grant » manque. — embleüre, lisez ambleüre.

28 — vit. C. *voit.*

29 — B, *Lors se pensa c'a nus envoie.* C, *Lors se pensa qu'aucuns en voie.*

30 — la. C, *lor.*

31 — El cors. B, *Ançois.*

34 — Erraument. B, *Maintenant.*

38 — erraument. B, C, *maintenant.*

39 — falordant. B, *faunoient.* C, *ambousant.*

40 — Vez ici. B, *Vez vos ci.* C, *Vés ci.*

42 — Croix, lisez *Croiz.*

43 — Fet chascuns. B, *Font il que.* C, *Dist chascuns.*

45 — B, C, *Atant li clers ansus se part.*

46 — * veoir. A, *vir*, forme contracte de *veïr.* — B, *Et dit qu'il verra lor depart.* C, *Dist que veïr veut lor depart.*

47 — Esraument. B, *Maintenant.*

48 — B, *Tant qu'il oy et entendi.* C, *Cil qui oï et entendi.*

49 — B, *Ce que li avugle disoient.* C, *Quanque li avule disoient.*

50 — B, *Et que antr'aus .III. devisoient.*

52 — B, « or » manque. — or mie. C, *mie ore.*
53 — cest. B, *se.*
55 — Savez, « fet il. B, *Je vous dirai.*
57 — Grant tens. B, *Grant piece.* — ne. C, *que ne.*
58 — que chascuns s'aise. B, *chacuns soit aise.*
59 — plentive. B, *garnie.*
62 — C'or eussons. B, C, *Car eüssiens.*
63-64 — B :

> Et si fuciens ataverné. »
> A Compeigne sont retorné.

De même à peu près dans C :

> Et fuissimes entavrené. »
> Vers Compeingne sont retourné.

65 — lié, baut. B, *baut, lié.*
66 — les va adès. C, *adiès les vait.*
67 — dist que. B, C, *dit tot.*
68 — si adonc. B, C, *ci atant.*
69 — Dedenz la vile. B, *An la vile en.*
70 — C, *S'oïrent et si escouterent.*
71 — crioit. B, C, *huchoit.*
73 — B, *C'est d'Auvergne, c'est de Soissons.*
74 — et vin. B, *pastés,* leçon qui est de beaucoup préférable. — C, *Cha char d'oissons et poissons.*
75 — Ceens, lisez *Ceenz.* — B, *Ci fet bon despendre son argent.*
76 — Ostel i a. B, *Ci a hostel.*
77 — Ceens, lisez *Ceenz.* — B, C, *Ci puet on aize herbergier.*
78 — B, « part » manque.
79 — Si s'en. B, *Tuit.* C, *Tuit.* III.
80 — Li borgois. B, *Le prodome.*
81 — Entendez çà. B, *Sire, entendez.*
83 — si. C, *trop.*

86 — Ce vers manque dans B, et est remplacé par le suivant, qui précède le vers 85 :

> En une bele sale pointe.

De même dans C :

> En une loge biele et painte.

87 — Quar nous volons. B, *Si voulons nous.*
88 — B, C, *Li ostes pense il dient voir.*
90 — aaisier. B, *aseoir.* — engranz, lisez *en granz.* — Le vers manque dans C.
91 — B, *En la salle qui estoit pointe.*
93 — Porriez. C, *Poés.* — ci estre. B, *estre et.*
95 — Que. B, *Dont.*
96 — Sire. B, C, *Oïl.*
98 — C, « dont » manque.
99 — borgois. B, *ostes.*
100 — De. B, *Et.*
101 — Pain. C, *Plais.* — chapons. B, *poissons.*
102 — B, *Et vins noviaus qui furent bons.*
103-104 — B :

> Puis lor fait laissus trametre
> Et lor fait charbon en feu metre.

— fist. C, *fait.*
105 — se sont. B, C, *furent.*
106 — Li vallès au clerc. B, *Et li vallès clers.* C, *Li vallès le clerc.*
107 — ses chevaus. B, C, *son cheval.*
108 — qui moult ert. B, *fu biaus et.* C, *fu sages et.*
109 — B, *Et fu vestuz molt richement.* C, *Biaus et vestus molt richement.*
110 — moult hautement. B, *cortoisement.* — C, *Sist avoec l'oste courtoisement.*
111 — C, *Au digner le matinée.*

112 — au souper. B, *après à la.* — C, *Puis au souper à la vesprée,* leçon qu'il faut adopter.

115 — paticle. C, *particle.*

116 — B, *Li .I. à l'autre vin donoit.*

117 — après m'en. B, *et tu me.*

118 — Cis crut sor. B, *Cil crut en.*

119 — qu'il lor. B, *que lor.*

120 — Ainsi jusqu'à la. B, C, *Ensis jusques à.*

123 — Jusqu'au demain qu'il. B, *Jusc'à demain qu'i.*

125 — qu'il. B, *que.*

126 — Et l'ostes fu. B, *Li ostes est.* C, *Li ostes ert.*

127 — B, *Et ses sergens, et si conterent.*

129 — B, C, *Li vallez dist : « En charité.*

132 — B, *Si m'aït Diex et saint Thiebaut !*

133 — sols pour. B, *tot pour.* C, *à par.*

134 — De lui. B, *A lui.*

136 — C, *Et chius i vait sans delaiier.*

137 — Vint aus. C, *Droit as.*

138 — chascuns errant. B, *tantost chacuns.*

140 — Font il : « Or. C, *« Or, » font il.*

141 — li paierons. B, C, *vous paierons.*

142 — Savez, » font il, « que. B, C, *Savez vos combien.*

143 — dist il. B, C, *fait il.*

145 — Tuit troi. C, *Tout droit.*

147 — devant. C, *desor.*

148-149 — B :

> Li avugle, sans contredit,
> En vont l'oste arraisonnant.

150 — C, *Si cuidons bien k'il soit pesans.* — Ce vers manque dans B.

151 — Quar. B, *Si.* C, *Se.* T, *Or.* — rendez. C, *donnés.*

153-155. — Ces trois vers sont remplacés dans C par les cinq suivants :

> Et dist li ostes : « Volentiers.
> — Robert, » fait l'uns, « ces li bailliés,
> Vous le vis qui veniés premiers.
> — Mais vous qui veniés daarains,
> Li donnés, car je n'en euc mie.

154 — baille. B, *bailliez.*—T, *Faites tost, se li donés dont.*

155 — l'a. Bé ! je n'en ai. B, *l'a don, je ne l'ai.* T, *vous n'a, je n'en ai.*

156 — Barbe florie. B, *Plante florie.*

157 — B, *Non n'ai, mès vous l'avez, bien le sai.*

158 — B, *Par la cervelle Dé, non ai.* C, *Par le cerveille bieu, mon ai.* T, *Par le cervele Dieu, non ai.*

159 — Liquels l'a dont? C, *Et qui là?*

161 — Dist. B, C, *Fait.*

162 — en longaingne puant. B, *en la longaigne grant.*

164 — Il li crient. B, *Sire, » font il.* C, *A lui dient.* T, *Il l'escrient.*

165 — Sire, moult bien. B, C, T, *Car molt trés bien.*

166 — Dont. B, C, T, *Lors.* — lor. B, *la.*

167 — Robers, lisez *Robert.* — fet l'uns, quar. B, *fait il, car.* T, *faites, se.*

168 — devant nous menez. B, *devant li metez.* C, *devant nous metés.* T, *qui nous fu donnés.*

169 — Vous le reçustes. B, *Vous l'eüstes tot.* T, *Que receüstes.*

170 — venez daarains. B, *veniés derriens.* C. *veniés daarains.* T, *veniez daarrains.*

171 — bailliez. B, C, T, *donnés.* — quar. B, *que.*

175 — lingnas. B, *ligaz.* C, *laingnars.* T, *saignaz* (ou *sargnas*).

176 — biaus, lisez *biau.* — à biau harnas. B, *en ces biaus draz.*

177 — le conte. B, *cest conte.*
178 — De ris. B, *De rire.*
180 — A l'oste. T, *Cele part.* — vint isnelement. B, *s'en vint erremant.*
181 — Se li. T, *L'oste.*
182 — gens, lisez *genz.* — ces gens. B, *à ses gens.* C, *tel gent.*
183 et 189 — Fet. B, *Dit.* C, T, *Dist.*
184 — c'ont. T, *tout.* — C, *.x. sols que mengié que beü.*
185 — fors escharnir. B, *fors qu'escharnir.* C, *el k'escarnir.*
186 — T, *Mès de tout les puis garnir.*
188 — le. B, C, *les.* — sor mon. B, *à mon.*
191 — L'oste respont : Moult. B, *Dist li ostes : « Molt. »* T, *Li oste respont.*
192 — entiers. B, *legers.*
194 — refuite. B, *recite.*
195 — porpenssa maintenant. T, *maintenant se porpensa.*
196 — la messe. T, *as messes.*
197 — C, *Li clers tantost l'oste araisonne.* T, *Le bourjois tantost aresone.*
198 — Ostes. B, C, *Sire.*
199 — dont. T, *en.* — dont ne connissiez. B, *bien reconnoissiez,* C, *en le connissiés.*
200 — Ces. B, *Les.* — croiriez. B, *croiiez.*
203 — Fet li borgois. B, *Dist li ostes.* T, *Dist li bourgois.*
204 — Que. B, *Car.* — C, *Car je querrai bien...*
206 — Dont dites j'en. B, *Dites dont je.* C, *Dites que je.* — j'en. T, *que.*
207 — B, C, *A l'ostel quant je revandrai.* T, *Quant del moustier repairerai.*

208 — Au moustier. T, *Esraument.*
209 — le commande. T, *li otroie.*
210 — ainsi. B, C, *tot si.* T, *ausi.*
211 — garçon. B, C, *sergent.*
212 — et qu'il troussast. B, *si qu'i montast.* C, *et son harnas.*
213 — B, *Si tot com il reveigne* (vers faux).
214 — B, *A son oste dit que se veigne.* — A l'oste. T, *Au bourjois.*
215 — el moustier en vont. B, C, T, *au moustier s'en vont.*
216 — le chancel. T, *ambedoi.*
217 — les .xv. sols doit. T, *biax et gens estoit.*
218 — doit, lisez *doi.*
219 — assir. B, T, *seïr.*
220 — B, *Puis li dist : « Je n'ai pas loisir... ».*
221 — dusqu'après. B, *jusc'après.*
223 — Je l'irai dire qu'il. B, C, *Je li voiz dire que.* T, *Je li dirai que il.*
224 — .xv. sols trestout. T, *Vos .xv. sols tout.*
225 — que. B, *com.* T, *comme.*
227 — Fet. T, *Dist.* — borgois. B, *ostes.* — le. T, *l'en.*
229 — Qui maintenant. B, *La grant messe.* C, *Qui grant messe.* T, *Car grant messe.*
230 — B, *Li clers est venus à l'autel.*
231 — bien. T, *bel.*
232 — estre gentiz. B, *que fut gentis.* C, *qu'il fust gentis.*
233 — C, *Il n'avoit pas chiere rebourse.*
234 — tret de. C, *prist en.* T, *traist de.*
235 — met. B, T, *mist.* C, *boute.*
236 — por. B, C, *par.*

237 — Entendez ça .I. poi. B, *Or entendez .I. poi.* T, *Entendez .I. petit.*

238 — li clerc. B, C, *clerc si.*

239 — je. B, *si.*

240 — giut, lisez *giuc.* — B, *Je jiu ennuit en .I. ostel.*

241 — B, *Chiés .I. riche home qui tant vaut.* C, T, *Chiés .I. borgois qui forment vaut.*

243 — Quar preudom. B, *Vaillanz hons.*

244 — cruel. B, *si grant.* C, *molt grant.* T, *molt griés.*

246 — B, *Entr'aus que dememeniens grant feste.* C, *Entreus que nous meniemes feste.* T, *Entrues que meniiens no feste.*

247 — Si qu'il. B, *Car il.* T, *Si que.* — trestoz. T, *toz.* — marvoiez. B, *malvoiez.* — Ce vers manque dans C.

248 — C, « Dieu » manque.

249 — encore li. T, *c'un petit l'en.*

251 — Après chanter. B, *Après messe.* C, *Après le messe.* T, *Deseur son chief.*

252 — Desus son chief. Et. B, *Molt trés volentiers.* T, *Après chanter. Hé!* — Et par. C, *De par.*

253 — Fet. B, T, *Dist.* — lirai. B, *dirai.*

255 — Tantost. B, *Si tost.* — com j'aurai. C, *que j'arai.*

256 — clers, lisez *clerc.* — B, *Dont en claim je bien le clerc quite.*

257 — Fet. B, *Dit.* T, *Dist.* — Miex. C, B, *Plus.*

258 — comant. B, *rant.*

259 — Fet li clers. B, *Di li prestres.* C, *Fait li prestres.* — B, C, « doux » manque.

260 — à l'autel va. B, *va à l'autel.*

261 — Hautement. T, *Esraument.*

262 — Par .I. jor fu. T, *Ce fu un jor.*

263 — Au. C, T, *C'au*. — vindrent, B, T, *vienent*. C, *vont*.

265 — prendre. B, *penre*.

266 — borgois. C, *ostes*.

267 — Dusqu'à son ostel. B, *Tantost à l'otel*.

268 — monte, si. B, *maintenant*. — si va sa voie. C, *si s'avoie*.

269 — tantost. B, *trestot*.

270 — T, *De revenir fu molt engrès*.

271 — De. T, *Pour*.

272 — tout por, B, *bien de*.

273 — el. B, *ou*.

274 — devesti, lisez *desvesti*.

275 — que la. B, *quant la*. T, *que grans*.

277 — le livre et puis l'estole. B, *le messel et l'estole*. C, *le livre et l'estole*. T, *et le livre et l'estole*.

278 — Si. C, *Puis*.

279 — Venez avant. T, *Or ça, » fait il*.

280 — C, *Ches paroles ne sont pas lies*. T, *Li bourjois l'ot, ne fu pas liez*.

281 — Li borgois, ainz li. T, *Tantost au prestre*. — ainz li. B, *ainsoiz*.

281-4 — C :
> Au bourgois molt forment anoie :
> « Mais paiiés me tost ma monnoie.

282 — ving. B, T, *vieng*.

284 — marvoiez. B, *malvoiez*.

285 — Dist. B, T, *Fait*.

286 — B, C, T, *Soiés cest home aidant à l'ame*.

287 — de voir qu'il. B, *bien que il*. C, *de fi k'il*. — T, *Bien voi que il est fourcenés*.

288 — B, *Veez, » fait li borgois, « veez*. C, *Or, » i fait li bourgeois, « veés*. T, *Or ois, » fait li bourgois, « oez*.

289 — Com. B, Que. — or. B, C, T, ci.
290 — Por. T, A. — B, A po mes cuers do cen n'it. C, Pour poi mes cuers fors du sens n'ist.
291 — Quant. B, Qui.
292 — Je vous dirai. B, Dist li prestres. C, Fait li prestres.
293 — Fet li prestres. B, Je vos dirai. C, Je le dirai. — comment qu'il praingne. B, C, T, coi qu'il aviegne.
294 — C, De Diu tout adès vous souviegne.
295 — poez. C, porés.
296 — Le. B, Son.
297 — dire, lisez lire, qui est exigé par la rime.
298 — commence. B, C, li prist.
299-300 — Ces deux vers sont intervertis dans B et C.
302 — durement. B, C, molt forment.
303 — apele. B, en apelle.
305 — tenez. B, prenez. — C, Puis a dit : « Cestui me tenés.
306 — B, C, Je sai de fi qu'il est desvez.
311 — B, Prenez, » li prestres a dist. C, Prendéle tost, » li prestres dist.
312 — paroschiens. B, païsant.
313 — B, L'ont pris et lié de maintenant. C, Le vont illuec tantost prendant.
314 — trestuit tenant. B, formant tordant. C, estroit loiant.
315 — bel. B, bien.
317 — Si. B, Se. — C, « seur » manque. — son. B, le.
319 — lut. B, lit.
320 — tenoit. C, tiennent
321 — l'esproha d'eve. B, l'esparge d'iaue. C, l'espresent d'iaue.
322 — borgois. B, prestres.

323 — Qu'à son ostel. B, *Que li borjois.*

324 — B, *Laissiez et ne fui plus tenuz.* — plus. C, mais.

325-330 — Manquent dans B.

326 — Avez estés. C, *Estet avés.*

328 — est et moult. C, *fu molt et.*

329 — qu'il fu si. C, *k'ensi fu.*

331 — en. B, *s'en.*

334 — B, *Ici fenit li miens contes.* C, *Ensi definera son conte.*

Ce fabliau, bien souvent imité, se divise en deux parties séparées par la bataille des aveugles. La première partie se retrouve dans le *Scelta di facezie*, dans Sacchetti (*nouv.* 140), dans les *Serées* de Bouchet, dans les *Contes du sieur d'Ouville*, dans Imbert, etc.; la deuxième partie est racontée à peu près pareille dans les *Facétieuses journées* de Chappuis, dans la *Manière d'avoir du poisson* (première repue de Villon, éd. Jannet, 187-190), dans les *Facetie* de Poncino, dans les *Nouveaux contes à rire*, etc., etc.

V. — La Houce partie, p. 82.

Paris, Bibl. nat., Mss. fr. 837 (anc. 7218), fol. 150 r° à 152 v°.

Publié par Méon, IV, 472-485; par Renouard dans Legrand d'Aussy, IV, app. 13; par Bartsch, dans sa *Chrestomathie de l'ancien français*, 1ʳᵉ éd., 274-282, et traduit par Legrand d'Aussy sous le titre de « Le Bourgeois d'Abbeville », IV, 117-124. — L'auteur de ce fabliau est non BERNARD, mais BERNIER, comme l'indique le vers 414.

Vers 11 — penser, lisez *pensser.*

12 — notre ancistier, lisez *nostre ancissier*.
79 — plorer, lisez *plorers*.
81 — convendra, lisez *couvendra*.
92 — besoin, lisez *besoing*.
204 — deffesi, lisez *dessesi*.
206 — enfez, lisez *enfes*.
238 — repaire, lisez *repere*.
362 — aussi, lisez *ausi*.
393 — monstrance, lisez *moustrance*.
407 — qu'ils, lisez *qu'il*.
409 — en, lisez *à*.

On retrouve ce conte dans le *Novelliero italiano*, dans Imbert, etc. — Il en existe une autre rédaction (Cf. notre second volume, p. 1-7).

VI. — DE SIRE HAIN ET DE DAME ANIEUSE, p. 97.

Publié par Barbazan, III, 39; par Méon, III, 380-393, et traduit par Legrand d'Aussy, III, 175-180.

Vers 57 — Vers faux. Au lieu de « ou chien » on pourrait lire *ou bien chien*.
125 — Comencier, lisez *Commencier*. De même pour d'autres mots qui doivent prendre deux *m* au lieu d'une.
146 — ariere, lisez *arriere*.
212 — tuiel ; ms., *tuuel*, qu'il faut mieux lire *tijuel, tijel, tigel*, au sens de canon. Cf. Du Cange, sous *Tigellum*.
230 — vilainz, lisez *vilains*.
238 et 349 — Hains, lisez *Hain*.
269 — por, lisez *par*.
281-284 — Le ms. est déchiré au commencement de ces quatre vers.

291 — convient, lisez *covient*.
293 — destresce, lisez *destrece*.
302 — meffete, lisez *mesfete*.
322 — Allusion à « Tristan et Yseult ».
347 — mefferas, lisez *mesferas*.
351 — deffenge, lisez *desfenge*.
352 — ledange, lisez *ledenge*.
355 — deffenderai, lisez *desfenderai*.

Ce conte, sans le dénoûment, est dans les *Novelle* de Sacchetti. Par contre, on trouve un dénoûment semblable dans la Farce du Cuvier, la quatrième de l'*Ancien Théâtre français* de la *Bibliothèque elzévirienne*, I, 21-50.

VII. — Du Provost a l'aumuche, p. 112.

Publié par Barbazan, II, 40; par Méon, III, 186-190.

Vers 7 — sans, lisez *sanz*.
17 — fait, lisez *fet*.
29 — « Saint Jaque », « *Saint Jacques* » de Compostelle, en Galice.
64 — més, lisez *mès*.
85 — *fu; ms., *cu* ou *tu*, qui n'offrent pas de sens.
94 — degouster, lisez *degouter*.
119 — Vers faux; peut-être faut-il lire : *Que brisiés li ont il les rains*.
129 — emblers, lisez *embler*.

VIII. — De la Borgoise d'Orliens, p. 117.

Le ms. de Berne 354 (fol. 78 r° à 80 v°), contient une autre version toute différente de ce fabliau.

Publié par Barbazan, II, 1; par Méon, III, 161-168;
et traduit par Legrand d'Aussy, IV, 294-297, sous le
titre : « De la bourgeoise d'Orléans, ou de la dame qui
fit battre son mari ».

Vers 14 — manjoient, lisez *menjoient*.
42 — convenant, lisez *couvenant*.
85 — « *Argu* », « *Argus* », personnification de la
vigilance.
102 — com, lisez *comme*.
104 — *une; ms., *un*.
156 — deffens, lisez *desfens*.
161 — * errez ; ms., *errer*.

Nous trouvons une aventure analogue dans les *Convivales sermones*, dans les *Facetiæ* du Pogge, dans Domenichi, dans Malespini (*nouv.* 21), dans les *Cent Nouvelles nouvelles de la cour de Bourgogne* (*nouv.* 88). Bandello (*nouv.* 25), Boccace (*Journ. VII, nouv.* 7) et enfin La Fontaine, dans son « Cocu battu et content », ont imité, avec d'autres encore, ce fabliau bien connu. — Cf. les renvois du Pogge, éd. Noël, 1798, in-16, II, 9-11.

IX. — LE CUVIER, p. 126.

Publié par Barbazan, I, 147; par Méon, III, 91-96;
donné en extrait par Legrand d'Aussy, IV, 47-48.

Vers 16 — grant, lisez *granz*.
30 — tremble, lisez *tramble*.
79 — Fait, lisez *Fet*.
81 — meffet, lisez *mesfet*.
111 — poroit, lisez *porroit*.
132 — ensemble, lisez *ensamble*.

143 — effraée, lisez *esfraée*.

Cette vieille histoire se trouve déjà dans Apulée. Les contes de Boccace et de La Fontaine, qui portent le même titre, n'ont aucun rapport avec notre fabliau.

X. — DE BRUNAIN, LA VACHE AU PRESTRE, p. 132.

Publié par Barbazan, I, 41 ; par Méon, III, 25-28 ; et traduit par Legrand d'Aussy, III, 330-331, sous le titre de « la Vache du curé ». — L'auteur de ce fabliau est sans doute JEAN DE BOVES. Cf. *Hist. litt.*, XXIII, 153-4.

Vers 1 — *conte ; ms., *cont*.
11 — convent, lisez *couvent*.
39 — fasse, lisez *face*.

Se trouve sous une forme un peu analogue dans le *Passa tempo de' curiosi*, et a été reproduit en prose dans la VIIIe *nouvelle* de Philippe de Vigneulles.

XI. — LA CHASTELAINE DE SAINT GILLE, p. 135.

Cette pièce, qui à proprement parler n'est pas un fabliau, mais une chanson, a été publiée par Barbazan, III, 21 ; par Sainte-Palaye (*Amours du bon vieux temps*), qui y a fait quelques changements ; par Méon, III, 369-379 ; et donnée en extrait par Legrand d'Aussy, IV, 89-93.

Il est bien difficile d'identifier ce Saint Gille. La vis de Saint-Gilles, si connue en architecture, étant celle d'une église du midi, n'a rien à faire ici. Mais il y a plus d'un Saint-Gille, dans le pays d'oïl. Il y en a en

Bretagne, en Anjou, en Normandie, en Tourraine. S'il fallait absolument choisir, on pourrait pencher pour le Saint-Gilles de Champagne, à six lieues et demie de Reims.

Vers 21 — arez, lisez *aurez*.
66 — *qui; ms., *ou*.
269 — Mais, lisez *Mès*.
300-301 — Ce refrain se retrouve aussi dans la « Cour de Paradis », publiée par Barbazan, I, 200, et par Méon, III, 142.

Imbert a récrit ce conte en vers.

XII. — De la Dent, p. 147.

Publié par Méon, I, 159-164; et donné en extrait par Legrand d'Aussy, II, 350-351, sous le titre de « l'Arracheur de dents ».

Vers 7 et 10 — sais, lisez *sai*.
8 — gens, lisez *genz*.
23 — « Alexandre le Grand » est pris ici comme type de la générosité et de la prodigalité.
38-40 — Les noms cités dans ces trois vers paraissent mettre la composition de ce fabliau à la fin du XIVe siècle. En effet, *Bertran* peut s'appliquer à Duguesclin, mort en 1380, *le Maréchal* à Jean de Maugenchy, dit Mouton, sire de Blainville, mort en 1391, *le Chambellan* à Bureau de la Rivière, chambellan de Charles V, mort en 1400 et enterré à Saint-Denis, aux pieds de son maître. Quant à *Robert Malet*, nous trouvons dans l'*Histoire généalogique* du P. Anselme (VII, 868) un *Robert Malet*, seigneur de Graville, vivant en 1378.
40 — Le chamberlanc, lisez *le Chamberlenc*.

41 — Normendie, lisez *Normandie*.

Imité très-souvent : dans la *Gibecière de Rome*, le *Courier facétieux*, les *Novelle* de Sacchetti (nouv. 166), les *Serées* de Bouchet (ser. 27), les *Nouveaux Contes à rire*, etc.

XIII. — Des .ii. Chevaus, p. 153.

Publié par Barbazan, II, 58 ; par Méon, III, 197-204 ; et donné en extrait par Legrand d'Aussy, IV, 43-46. — Ce fabliau est l'œuvre de Jean de Boves, comme le prouvent les titres des Fabliaux qui sont énumérés en tête de la pièce et qui nous sont tous parvenus. Cf. l'*Histoire littéraire* (XXIII, 153-4), qui attribue ces fabliaux à un Jean Bedel.

Vers 1 — d'el, lisez *del*.
25 — Lonc-Eve, aujourd'hui « *Longueau* », près d'Amiens.
26 — un, lisez *uns*.
29 — messonner, lisez *messoner*.
50, 63 et 208 — com, lisez *comme*.
53 — Saint-Acueil, aujourd'hui « *Saint-Acheul* » (canton d'Amiens).
119 — engaigne, lisez *engaingne*.
131 — à devaler, lisez *adevaler*.
147 — mettons, lisez *metons*.
161 — veuil, lisez *vueil*.
162 — convenant, lisez *couvenant*.
187 — le cuer, lisez *li cuers*.
190 — Baillet, lisez *Baillès*.
200 — defferre, lisez *desferre*.
204 — ressort, lisez *resort*.

XIV. — De l'Enfant qui fu remis au soleil, p. 162.

Publié par Barbazan, II, 78; par Méon, III, 215-220; et traduit par Legrand d'Aussy, III, 81-84, sous le titre de « l'Enfant qui fondit au soleil ».

Vers 95 — « Agraine » peut être le nom de l'enfant ; mais on pourrait aussi lire : *à graine* (contre du blé). Seulement il faudrait ajouter un pronom au vers, et proposer comme lecture : *Li preudon l'a changié à graine.*
    97 — « Alixandre », « *Alexandrie* » (en Égypte).
    124 — La fin du vers manque dans le ms.
    145 — meffette, lisez *mesfette*.
    146 — meffez, lisez *mesfez*.

Ce fabliau a été souvent imité : Cf Sansovino (*journ.* IX, *nouv.* 6), les *Facétieuses journées*, les *Cent Nouvelles nouvelles* (*nouv.* XIX), les *Novelle* de Malespini, les *Contes* de Grécourt, etc.

XV. — Des .iii. Dames qui trouverent l'anel, p. 168.

Publié par Barbazan, II, 86; par Méon, III, 220-229; et donné en extrait par Legrand d'Aussy, IV, 192-195. — Ce fabliau a pour auteur Haisiau (*Hist. littéraire,* XXIII, 134).

Vers 84 — li, lisez *le*.
    140 — courant, lisez *corant*.
    212 — aimé, lisez *amé*.
    233 — Chiez, lisez *Chiés*.
    249 — changiez, lisez *chancgiez*.

La première partie de ce fabliau se trouve dans le *Grand Caton;* le sieur d'Ouville lui a consacré une longue histoire. Il se retrouve imité dans les *Facetiæ* de Bebelius, dans les *Convivales sermones,* dans Boccace (*journ. VII, nouv.* 8 et 9), dans les *Délices* de Verboquet, dans les *Facezie, motti e burle* de Domenichi, dans les *Contes pour rire,* et enfin dans La Fontaine, sous le titre de la « Gageure des trois commères ». Cf. dans la *Romania* (III, 192) les renvois de M. d'Ancona pour la *nouv.* 22 du *Novellino.*

XVI. — Du Chevalier qui fist sa fame confesse, p. 178.

Publié par Barbazan, II, 100; par Méon, III, 229-238; et traduit par Legrand d'Aussy, IV, 132-138, sous le titre « Du chevalier qui confessa sa femme ».

Vers 1 — « Le Bessin », petit pays de la basse Normandie, ayant Bayeux pour capitale; « Vire » (Calvados).
33 — de lui, lisez *d'à lui.*
41 — penssa, s'il tant; lisez *penssa s'il, tant.*
115 — conut, lisez *connut.*
124 — suis, lisez *sui.*
150 — et gent, lisez *ne gent.*
205 — Qu'elles, lisez *Qu'eles.*
214 — convenance, lisez *couvenance.*
232 — daignoit, lisez *daingnoit.*
234 — com, lisez *comme.*
247 — mauvèse, lisez *mauvaise.*
264-273 — Le ms. est déchiré au commencement de chacun de ces vers.
266 — Quar; se; lisez *Quar, se.*

Imité par Boccace (*journ. VII, nouv.* 5), Bandello,

Malespini (*nouv.* 92), Doni, les *Cent Nouvelles nouvelles* (*nouv.* 78), et enfin par La Fontaine, sous le nom du « Mari confesseur ».

XVII. — Le Dit des Perdrix, p. 188.

Publié par Barbazan, II, 32; par Méon, III, 181-186; par Bartsch, dans sa *Chrestomathie de l'ancien français*, 1re éd., 269-272; et donné en extrait par Legrand d'Aussy, IV, 38-41.

Vers 121 — mangiez, lisez *mengiiez*.
137 — amaise, lisez *amaisse*.
138 — monstraise, lisez *monstraisse*.
149 — *pertris; ms., *pertrist*.

Ce fabliau a été remis en vers par Imbert; on le retrouve dans les *Contes* du sieur d'Ouville, dans le *Passa tempo de' curiosi*, dans les *Nouveaux Contes pour rire*, dans les *Facezie, motti e burle*, de Zapata; de nos jours, M. le comte de Chevigné l'a introduit dans ses *Contes rémois*.

XVIII. — Du Prestre crucefié, p. 194.

Publié par Barbazan, I, 22; par Méon, III, 14-17; et donné en extrait par Legrand d'Aussy, IV, 160-161.

Vers 20 — jeté, lisez *geté*.
24 — heure, lisez *eure*.
26 — tremble, lisez *tramble*.
36 — Leens, lisez *Leenz*.
46 — fit, lisez *fist*.
72 — riens, lisez *rien*.

Se retrouve dans Sacchetti (*nouv.* 25 et 84), Malespini (*nouv.* 93), Straparole (*nuit IX, nouv.* 4), les *Cent Nouvelles* (*nouv.* 64) et dans les *Contes* de Gudin (I, p. 136-9). Cf. Straparole, éd. Jannet, I, xxxvij.

XIX. — D'Estormi, p. 199.

Publié par Méon, IV, 452-472 ; et donné en extrait par Legrand d'Aussy, IV, 264-265.

Vers 2 — uns fabler, lisez *un fablel*.
39 — com, lisez *comme*.
76 — destrier, lisez *detrier*.
167 — deffarme, lisez *desfarme*.
231 — defferma, lisez *desferma*.
316 — meffet, lisez *mesfet*.
339 — sur, lisez *sor*.
342 — uns, lisez (.I.) *un*.
414 — convenir, lisez *couvenir*.
418 et 595 — reson, lisez *resons*.
423 et 585 — meffet, lisez *mesfet*.
484 — radresse, lisez *radrece*.

XX. — Du Sot Chevalier, p. 220.

Publié par Barbazan, III, 202 ; et par Méon, IV, 255-265.

Vers 5 — meffez, lisez *mesfez*.
7 — « Ardane », forêt des Ardennes.
8 — « Otane ». L'Othe, *Otta silva*, l'un de ces petits *pagus* dont la trace s'est conservée dans la composition de certains noms de lieux, est dans l'Aube et dans l'Yonne, c'est-à-dire à l'ouest de Troyes. Cf. Guérard,

« Pays de la France ». *Ann. de la Soc. de l'Hist. de Fr.*, pour l'année 1837, p. 122. Dans la Moselle, il y a *Othe*, près de Briey, et *Ottange*, près de Thionville. Enfin il y a un *Authe* dans les Ardennes, à quatre lieues de Vouziers ; c'est probablement de celui-là que notre trouvère aura fait *Otane* pour la rime.

33-34 — La répétition de « estoit » à la rime est un bourdon du copiste.

40 — damoiselle, lisez *damoisele*.

62 — l'ambre, lisez *lambre*.

76 — meffais, lisez *mesfais*.

104 — terre de Los, lisez *terre de los*.

112 — « Saint Eron », « *Saint-Evrou* ».

132 — court, lisez *cours*.

144 — « Dinant », ville de Belgique, province de Liége.

151 — « Tongres », ville de Belgique, province de Limbourg.

167-8 — Le répétition de *crampi*, à la rime, bourdon du copiste.

174 — les, lisez *des*.

182 — lonc, lisez *lons*.

196 — « Auçoirre », « *Auxerre* ». Le vin d'Auxerre était renommé dès le moyen âge.

262 — « Aussai ». Semur est dans l'Auxois ; c'est donc comme si le trouvère disait du vin d'Auxerre ou du Semurois.

271 — cort, lisez *court*.

283 — deffermer, lisez *desfermer*.

314 — Galons, lisez *Galon*.

Ce fabliau se retrouve dans les *Facezie* de Domenichi.

XXI. — Du Fevre de Creeil, p. 231.

Publié par Barbazan, III, 218; et par Méon, IV, 265-271.

Vers 3 — « Creeil », « *Creil* », en Picardie (Oise).
4 — battre, lisez *batre*.
14 — san, lisez *sanz*.
33 — « Corbueil », « *Corbeil* » (Seine-et-Oise).
87 — com, lisez *comme*.
129 — convent, lisez *couvent*.
179 — fineront, lisez *finerons*.

Ce conte se retrouve dans Malespini, dans l'*Enfant sans souci* et dans les *Cent Nouvelles nouvelles* (nouv. 85).

XXII. — De Gombert et des .II. clers, p. 238.

A. — Bibl. nat., Mss. fr. 837, fol. 210 v° à 211 v°.
B. —   »   »   2168, fol. 240 v° à 241 v°.

Ce fabliau est l'œuvre de Jean de Boves (Cf. plus haut les notes du fabliau des « Deus Chevaus », p. 295. — Publié par Barbazan, II, 115; par Méon, III, 238-244; par la Chaucer Society (Originals and analogues of some of Chaucer's Canterbury Tales. London, 1872, p. 87); donné en extrait par Legrand d'Aussy, III, 18-22.

Vers 2 — vienent. B, *vinrent*.
3 — Despendu orent. B, *S'orent despendu*.
5 — quistrent. B, *prisent*.
6 — De. B, *Et*.
7 — B, *Et li uns des clers quant il vint*.

8 — convint. A, couvint. — B, *Sa fame à amer li convint.*
9 — set. B, *sot.*
11 — B, *S'ot vairs les iex com un cristal.*
12 — Toute jour. A, *Toute nuit.*
13 — si qu'à paine se. B, *qui s'en merveille.*
15 — Qui adès i avoit. B, *Si qu'adès i tenoit.*
16 — encor s'entente. B, *s'entente encore.*
17 — sa fille est et cointe. B, *la fille est et jovene.*
18 — « Et » manque dans le ms. A, qui est déchiré à cet endroit.
20 — B, *Seur toutes amours est gentieus.*
21 — B, *Com est li faucons au terchuel.*
23 — la bone. B, *li prode.*
24 — B, *Qu'entrues qu'ele entendoit à paistre.*
25 — Uns. B, *L'uns.*
26 — paelete. B, *palete* (vers faux).
27 — L'anelet dont. B, *L'anel à coi.*
28 — lues en son. B, *en son sen.*
31 — assez la nuit. B, *la nuit assez.*
34 — Cele nuit fu moult. B, *Bien fu toute nuit.*
38 — ne sot l'afere. B, *bien cuidoit fere.*
41 — les. B, *ses.*
42 — couche. B, *coucha.*
45 — Quant la gent se fu. B, *Et, quant la gent fu.*
47-48 — Ces vers manquent dans le ms. A.
49 — B, *Au lit de la pucele vint.*
50 — B, *Or oiez comment li avint.*
53 — Dist. B, *Fait.*
54 — omnipotent. B, *alés vous ent.*
55 — Que querez vous ci. B, *C'avés vos chi quis.*
56 — dist. B, *fait.*
57 — talent. B, *pooir.*
58 — tesiez vous. B, *tesiez, si.*

62 — que. B, *ja que.*
64 — *se vos mes bons. A, *se mes bons me.* B, *se vos mon bon.*
66 — si aurez. B, *s'aurés ja.*
68 — Or sentez. B, *Sentés mon.*
69 — m'anel, lisez manel. — B, *Il m'est trop grans au doit manel.*
70 — Et cil. B, *Atant.*
71 — B, *El doit si li passe la jointe.*
73 — Et. B, *Si.*
75 — s'amolie. A, *s'umelie.*
77 — B, *Mais com il plus acole et baise.*
79-80 — Ces deux vers sont remplacés dans le ms. B par les quatre suivants :

> C'à la dame ne puet venir,
> Car cil li fait resouvenir
> Cui il ot faire ses delis ;
> Ce qu'à l'un samble paradis.

81 — Sambloit à l'autre. B, *A l'autre sambloit.*
82 — Lors se lieve. B, *Dont se leva.*
83 — B, *Si s'en ala pissier toz nus.*
84 — L'autre. B, *Et li.*
86 — B, *Si prent le berch atout l'enfant.*
88 — B, *Evous le vilain deceü.*
89 — B, *Car tout acoustumé tenoit.*
91 — tastoit. B, *sentoit.*
92 — estoit. B, *en iert.*
93 — Lors vint. B, *Vint à.*
95 — B :

> Car li clers l'en avoit osté ;
> Quant il n'a le beschuel trouvé,
> Si cuide avoir voie cangie.

98 — dist. B, *fait.* — *tarie. A, B, *carie.*
100 — Il vint. B, *Lors vient.*

101 — B, *Si sent le berch et le mailluel.*
103 — B, *Se tint que li vilains nel sente.*
104 — A partir de ce vers jusqu'à la fin de la pièce, le ms. B, détérioré par l'humidité, est tout à fait illisible, sauf en quelques rares vers que nous relevons.
119 — com, lisez *comme.*
145 — B, *Si est tantost aperceüs.*
146 — trahis. B, *souspris.*
148 — dist. B, *fait.*
153 — tonel, lisez *tonnel.*
161 — Que tuit li oeil. B, *C'andoi li oel.*

Ce fabliau, qui a trois versions différentes, se retrouve dans Chaucer (*The Reeves tale*, 1843, p. 30-33), dans Boccace (*journ. IX, nouv.* 6), dans les *Cent Nouvelles nouvelles*, dans le *Parangon des nouvelles* (*nouv.* 30), et dans La Fontaine, sous le titre du « Berceau ».

Les deux autres versions se trouvent dans le ms. de Berne, n° 354 : l'une porte le titre « d'Estula et de l'anel de la paelle »; l'autre, « le Meunier et les deux Clers », a été publiée par M. Wright (*Anecdota literaria*, 1844, 15-23), avec plusieurs versions anglaises.

XXIII. — Des .ii. Changeors, p. 245.

Publié par Barbazan, II, 140; par Méon, III, 254-263; par Renouard dans Legrand d'Aussy, IV, app. 21-24; et donné en extrait par Legrand d'Aussy, IV, 204-207.

Vers 4 — à qui vint, lisez *à qoi vint.*
62 — mettre, lisez *metre.*
100 — dois, lisez *doi.*
101 — conoissoit, lisez *connissoit.*

106 — *meü; ms., neü.
156 — deffi, lisez *desfi*.
157 — deffent, lisez *desfent*.
183 — deffendez, lisez *desfendez*.
185 — deffendre, lisez *desfendre*.
246 — leens, lisez *leenz*.
266 — esprouvé, lisez *esprové*.
272 — aimée, lisez *amée*.

Ce fabliau a été imité très-souvent. La première partie du conte se retrouve dans les *Cent Nouvelles nouvelles* (*nouv.* 53); les autres conteurs, Pecorone, Straparole, Bandello, etc., ont changé l'ordre des aventures.

XXIV. — Le Flabel d'Aloul, p. 255.

Publié par Barbazan, II, 252; par Méon, III, 326-357; et donné en extrait par Legrand d'Aussy, IV, 201-203.

Vers 1 — veult, lisez *veut*.
77 — conois, lisez *connois*.
129 — sorvengne, lisez *sorviengne*.
205 — defferm, lisez *desferm*.
214 — descent, lisez *destent*.
384 — Hersent, lisez *Hersens*.
386 — voix, lisez *voiz*.
411 — menace, lisez *manace*.
415 — deffendre, lisez *desfendre*.
482 — prestres, lisez *prestre*.
484 — prestre, lisez *prestres*.
493 — Efforciez, lisez *Esforciez*.
499 — efforcent, lisez *esforcent*.
509 — emporte, lisez *en porte*.

512 — parin nomer, lisez *parrin nommer*.
529 — convenant, lisez *couvenant*.
547 — là, folie; lisez *la folie*.
676 — convint, lisez *couvint*.
787 — apoice-on, lisez *aporce on*.
847 — uns, lisez (.I.) *un*.

XXV. — La Saineresse, p. 289.

Publié par Barbazan, III, 149; par Méon, III, 451-454; et donné en extrait par Legrand d'Aussy, IV, 308-309, sous le titre « De la femme qui se fit saigner ».

Vers 3 — n'el, lisez *nel*.
16 — deslié, lisez *deliié*.
61 — convendra, lisez *couvendra*.
96 et 111 — Mais, lisez *Mès*.
116 — presmerains, lisez *premerains*.

XXVI. — D'une seule fame qui servoit .C. chevaliers de tous poins, p. 294.

Publié par Barbazan, I, 98; par Méon, III, 61-67; et donné en très-court extrait par Legrand d'Aussy, III, 339-340.

Vers 37 — pourroit, lisez *porroit*.
40 — semble, lisez *samble*.
51 — Yssus, lisez *Yssu*.
63 — Es-vous, lisez *Evous*.
68 — Les Sarrasins, les Persans, les Slaves (Cf. *Romania*, II, 331) sont indistinctement des païens aux yeux des hommes du moyen âge.

107 — cort, lisez *court*.
119 — maintenant, lisez *maintenent*.

XXVII. — D'un Preudome qui rescost son compere de noier, p. 301.

Publié par Méon, I, 87-90; et donné en extrait par Legrand d'Aussy, II, 426-427, sous ce titre « Du prud'homme qui retira de l'eau son compere ».

Vers 16 — propenssez, lisez *porpenssez*.
32 — *ai; ms., *a*.
47 — Il faut fermer les guillemets après ce vers.
50 — qu'à, lisez *qu'an*.
72 — Ce vers, qui manque dans le ms., a été suppléé par Méon.

Ce fabliau a été remis en vers par Imbert.

XXVIII. — Du Foteor, p. 304.

Le ms. 354 de la Bibliothèque de Berne comprend, du fol. 1 au fol. 3 v°, une partie incomplète de ce fabliau.
Publié par Méon, IV, 204-216.

Vers 1 — fabloie, lisez *fabloit*.
2 — affebloie, lisez *affebloit*.
20 — oublié, lisez *oblié*.
72 — *enseignier; ms., *entaignier*.
92 — soi, lisez *lui*.
182 — Ce vers manque dans le ms. de Paris.
231 — Le mot « eschauffer » manque dans le ms.
305 — *baing; ms., *baig*.

XXIX. — C'est de la Dame qui aveine demandoit pour Morel sa provende avoir, p. 318.

Publié par Barbazan, III, 236; et par Méon, IV, 276-285.

Vers 66 — covine, lisez *convine*.
90 — aim, lisez *ain*.
128 — lieus, lisez *lieu*.
130 — C'onque, lisez *C'onques*.
149 — l'amor, lisez *l'amors*.
153 — Non ai, lisez *Non n'ai*.
169 — plaist, lisez *plait*.
178 — miennuit, lisez *mienuit*.
192 — *demandant; ms., *demendent*.
203 — mangeant, lisez *mangant*.
256 — comença, lisez *comança*.
268 — Placez un point avant les guillemets.

NOTES ET VARIANTES

DU SECOND VOLUME

Les mots marqués de l'astérisque sont des corrections faites aux manuscrits.

XXX. — DE LA HOUCE, p. 1.

Cette pièce, dont nous devons la copie à M. Stengel, n'est qu'une seconde version du fabliau que nous avons publié dans notre premier volume, p. 82-96.

Vers 28 — « je l' vous », qui n'existe pas dans le ms., doit être lu *jel vous*.

62 — *n'a sens; ms., *n'a ne sens*.

74 — Ne faut-il pas corriger *gré eüst*?

82 — Il faudrait corriger : *Et, cant tu me cacier en vius*.

90 — *par; ms., *pour*. — arés; ms., *avés*.

93 et 94 — Pour la régularité de ces vers il faut corriger « viés » en *vieles*.

103 — « tout » manque.

124 — *morir s'en vuel; ms., *morut si en*.

132 — convontie, lisez *convoutie*.

XXXI. — Du Prestre et d'Alison, p. 8.

Publié par Méon, IV, 427-441, et donné en extrait très-court par Legrand d'Aussy, IV, 301.

Vers 11 — Ce vers faux peut être corrigé ainsi : *A sa fenestre avoec oignons.*
15 — * pucele; ms., *puce.*
26 — *maniere; ms., *manere.*
64 — chapelains, lisez *chapeleins.*
73 — * ensaignie; ms., *ensaignée.*
84 — * Cui; ms., *Qui.*
128 — * mainte; ms., *maite.*
133 — On peut corriger ainsi ce vers : *Comme li prestres...*
150 — Le nom de la « Tamise », comme plus haut ceux de « Gisors, Calais, etc. », servirait à prouver la nationalité de notre auteur, s'il n'avait pris soin de nous l'indiquer lui-même au vers 439.
157 — « ce » devrait être supprimé pour la régularité du vers.
161 — trainant, lisez *traïnant.*
166 — * s'agenoille; ms., *s'ageloigne.*
167 — *lie; ms., *liée.*
176 — « Mielanz ». Il y a dans le Gers une petite ville du nom de Miélan ; il est plus probable qu'il s'agit tout simplement de Meulan-sur-Seine.
177 — * vendi; ms., *viendi.*
191 — * estoient; ms., *estoit.*
202 — Mainaus, lisez *Mainnaus.*
259 — * grans plentés; ms., *grant plenté.*
273 — aimai, lisez *amai.*
274 — sur, lisez *sor.*

303 — * Ainsi ; ms., *Ainsinc.*
332 — Herceloz, lisez *Hercelot.*
344 — Il faudrait lire : *ceste aumosniere.*
345 — a ci, lisez *ci a.*
367 — fois, lisez *foiz.*
368 — * une ; ms., *un.*
372 — * cuer ; ms., *cue.*
376 — * Et Alison ; ms., *Aalison.*
382 — * prestres ; ms., *prestre.*
392 — * drecie ; ms., *deciée.*
400 — * L'uis ; ms., *L'us.*
437 — Tremblant, lisez *Tranblant.*

Boccace (*Journ.* VIII, *nouv.* 4.) a une pièce qui a des points de ressemblance avec ce fabliau.

XXXII. — Du Prestre qui fu mis ou lardier, p. 24.

[A partir de ce fabliau, la méthode de numérotation change ; le chiffre placé à côté du titre courant indique non pas le premier mais le dernier vers de la page.]

Publié par M. P. Meyer dans la *Romania*, III, 103-106, sous le titre de « Le savetier Baillet ».

Vers 46 — * baingnier eulz deus ; ms., *eulz deus baingnier.*
48 — * seulz ; ms., *ceulz.*
88 — illec, lisez *ilec.*
139 — * tam ; ms., *tan.*
163 — delivre, lisez *delivres.*
168 — * ueil ; ms., *uueil.*
174 — * çavetier ; ms., *çavetiers.*

L'on peut comparer à ce fabliau le conte de La Fontaine à peu près analogue intitulé « le Cuvier », imité du reste de Boccace.

XXXIII. — Le Meunier d'Arleux, p. 31

Publié par M. Fr. Michel, à 100 exemplaires, Paris, Silvestre, 1833, in-8 de VIII et 16 p., et donné en extrait par Legrand d'Aussy, III, 256-261.

Vers 7 — « Palluel », à sept lieues d'Arras (Pas-de-Calais).
8 — mannier, lisez *maunier*. Cette correction devra être faite chaque fois que ce mot se présentera.
10 — « Arleux » en Gohelle, à trois lieues d'Arras.
12 — * desous; ms., *desus*.
18 — Il y a trois Estrée dans le Pas-de-Calais, un dans l'arrondissement de Montreuil-sur-mer et deux dans celui de Béthune.
22 — * sans son; ms., *de Sanson*.
26 — * estuet ; ms., *estuer*.
31 — * nous; ms., *vous*.
50 — * corchiés; ms., *correchiés*.
65 — * prise; ms., *prises*.
67 — Vers faux ; il faut lire sans doute : *Vous en irez avuec mon maistre*.
70 — * huimais; ms., *amais*.
71 — * ses; ms., *ne ses*.
83 — Ne vaudrait-il pas mieux corriger *girai* en *dirai*?
104 et 134 — * el; ms., *ele*.
123 — ainchois, lisez *anchois*.
126 — * conme; ms., *con*.
139 — * Oïl; ms., *Doïl*.
145 — * maure à Aleus; ms., *à Aleus maure*.

154 — * vinrent; ms., *virent*.
177 — entr'ovri; ms., *entrovi*.
178 — * venue; ms., *venu*.
193 et 280 — *a; ms., *n'a*.
194 — par, lisez *por*.
204 — * en; ms., *entre*.
215 — * entr'overt; ms., *entrovet*.
223 — * che soit; ms., *que che soit*.
228 — * Mouset; ms., *molt ert*.
238 — * rechauciés; ms., *rechauciers*.
245 — Le ms. n'a pas le mot *vous*.
248 — * je venrai; ms., *tu venras*.
252 — * nous; ms., *vous*.
258 — * demeure; ms., *demoure*.
264 — Vers faux.
275 — Vers faux; peut-être faut-il lire : *A dame a congiet demandet*.
282 — * cuide; ms., *cuida*.
292 — n'es, lisez *nes*.
299 — Non-seulement ce vers est faux, mais sa rime est insuffisante.
305 — cocha; ms., *le cochai*.
312 — * à tort et pechiet; ms., *tort et à pechiet*.
315 — Jut de ma fame; ms., *De ma fame jut*; — bel, lisez *biel*.
336 — * sa raison leur; ms., *leur raison*.
339 — * O la; ms., *Car o la*. — La rime de ce vers, ou celle du suivant, est fautive.
340 — * O sa; ms., *Et o sa*.
349 — Le ms. n'a pas le mot *il*.
356 — * si; ms., *s'il*.
363 — * dire voir; ms., *voir dire*.
366 — * prendent; ms., *prede*. — Le vers corrigé est faux; ne faut-il pas supprimer *se* ?

368 — * torné; ms., retorné.
370 — * disons vous; ms., vous disons.
371 — * faites r'avoir; ms., fait ravoir.
383 — * courchiés; ms., courrechiés.
393 — * ni en mal dire; ms., ni en dire.
394 — le pire, lisez li pire.
396 — Vers faux.
410 — * bones; ms., bone.
411 — Vers faux, facilement corrigé en lisant : *il ne fait que sage.*
414 — Ronmanz, lisez Roumanz.

On retrouve ce fabliau dans les *Facéties* du Pogge, dans les *Novelle* de Sacchetti, dans les *Contes de la Reine de Navarre*, etc., etc. La Fontaine l'a imité dans ses « Quiproquo ».

XXXIV. — Du Prestre et du Chevalier, p. 46.

Vers 12 — debaretés, lisez *desbaretés.*
23 — lïues, lisez *liues*, ici comme plus bas.
25 — * dusque; ms., *dusques.*
34 — qu'il, lisez *que il.*
60 — « Roie », « Roye », ville de Picardie.
73 — * menue; ms., *menu.*
97 — Pour que ce vers rimât avec le suivant, il faudrait changer « sire » en *frere.*
101 — notre, lisez *nostre.*
105 — home, lisez *homme.*
114 — tient, lisez *vient.*
129 — Chevauche, lisez *Chevaucha.*
136 — * anuis, de ses; ms., *anuis ne de ses.*
148 — * com; ms., *si com.*

149 — Le vers serait régulier en lisant *pour conquerre los.*
155 — Il faut corriger : *Dieu ne plache.*
158 — homs, lisez *hons.*
180 — vos, lisez *vo.*
186 — * clergiet; ms., *clegiet.*
204 — * En tel; ms., *Et en tel.*
207 — * vo; ms., *mon.*
225 — * convenant; ms., *convent.*
231 — * serai; ms., *sera.*
251 — les, lisez *ses.*
252 — couroit, lisez *courout.*
271 — Il faudrait corriger : *capons.*
287 — faitise, lisez *faitisse.*
297 — ïaue, lisez *iaue.* — Après ce vers, il en manque au moins deux.
298 — Gile, lisez *Gille.*
299 — * aportée; ms., *aporté.*
304 — Il faudrait corriger : *Ses iex et sa bouche.*
320 — * poisson; ms., *capon.*
354 — * mantaus; ms., *maus.*
376 — saus, content; lisez *sous coustent.*
377 — oublie, lisez *oubli.*
384 — « de » manque au ms.
401 — * ou; ms., *de.*
411 — s'appareille, lisez *s'apareille.*
412 — * dormir; ms., *domir.*
422 — « bien » manque au ms.
427 — Ne faut-il pas lire *après li li dans...?*
428 — Il faut lire : *Si saurai...*
429 — ce, lisez *che.*
455 — * no; ms., *vo.*
456 — * j'ai; ms., *ja.*
457 — servi, lisez *servis.*

477 — pur, lisez *pour*.
485 — * L'enort; ms., *Le fait*. Il fallait évidemment corriger ce vers, puisque ce n'est que quatre vers plus loin que l'écuyer se lève.
488 — retreire, lisez *retrerre*.
494 — l'ambre, lisez *lambre*.
533 — « Li » est déchiré dans le ms.
547 — Au lieu de « Li chevaliers », le sens porterait plutôt à lire *Li escuiers*.
555 — * m'amenas; ms. *m'amena*.
558 — monoie, lisez *monnoie*.
565 — * braquiés; ms., *braquiers*.
570 — * Sous; ms., *Sour*.
577 — « pas » manque au ms.
579 — « pour » manque au ms.
606 — Lisez : *Que voeille perdre* .cc. *saus*.
607 — * puchelage; ms., *puccelage*.
632 — « la » manque au ms.
642 — * escuiers; ms., *chevaliers*.
648 — la, lisez *le*.
652 — « et » manque au ms.
665 — Ne pourrait-on pas lire *qu'el*?
668 — « il » manque au ms.
673 — prend, lisez *pren*.
705 — Il faut corriger : *Qui est et s'anchiele*...
714 — Supprimez là comme ailleurs l'apostrophe après *Sel*.
715 — * le; ms., *si le*.
718 — Dusqu'à, lisez *Dusque*.
721 et 1107 — Maufès, lisez *Maufés*.
723 — fai, lisez *fais*.
735 — * entreuvre; ms., *entreuve*.
752 — La, lisez *Li*.
763 — * tenres; ms., *tenre*.

767 — * Sans ; ms., *Sauf.*
772 — * Et ; ms., *Se.*
773 — atent ; ms., *atenc.*
775 — * ne sans demeure ; ms., *et sans demourée.*
785 — * jurerai ; ms., *jurrai.*
795 — * haitiement ; ms., *haitement.*
800 — « de » manque au ms.
801 — * de sour ; ms., *souz.*
807 — * cuiterés ; ms., *cuiderés.*
811 — suie, lisez *suic.*
821 — Ne vaut-il pas mieux *du brach ?*
823 — * m'envoist ; ms., *mevoist.* — « nule » manque au ms.
825 — * deverai ; ms., *devera.*
831 — * dist ainsi ; ms., *si dist.*
834 — le chavie, lisez *l'echavie.*
837 — « las de » manquent au ms.
838 — Ce vers est faux dans le ms.; ne faut-il pas lire *et à li ?*
842 — autruï, lisez *autrui.* Le vers reste faux.
885 — * l'escuiers ; ms., *li escuiers.*
900 — Vers faux dans le ms.
905 — * Qu'a li prestres ; ms., *Que li prestres a.*
908 — * vin ; ms., *fruit.*
914 — * se li ; ms., *s'il.*
917 — piert, lisez *pierc.*
925 — * soulacent ; ms., *soulage.*
929 — * cui ; ms., *qui.*
932 — pourrie, lisez *pourie.*
937 — au lit, lisez *ou lit.*
939 — * soulacent ; ms., *soulagent.*
940 — * desconfortent ; ms., *desconforte.*
969 — deffende, lisez *desfende.*
983 — qu'il, lisez *k'il.*

990 — * venie, correction plus que hasardée pour *venue*, qui ne rime pas.

999 — « faus » manque au ms.

1030 — * mengastes ; ms., *megastes*.

1036 — Dieu, lisez *Diex*.

1040 — votre, lisez *vostre*.

1051 — *couvenenche ; ms., *couvenche*.

1052 — Le ms. porte « Li escuiers » ; il faudrait corriger : *Et l'escuier*.

1059 — « foutrai » a été gratté dans le ms.

1066 — te, lisez *ti*.

1070 — Encore, lisez *Encor*.

1075 — Votre, lisez *Vostre*.

1079 — * amenés ; ms., *anés*.

1084 — * mournes ; ms., *mourme*.

1088 — * le ; ms., *ne*.

1098 — Le mort, lisez *La mors*.

1103 — * demanois ; ms., *de demanois*.

1106 — * fait-il ; ms., *fait ele*.

1113 — N'es, lisez *Nes*. — * jeüst ; ms., *just*.

1116 — * toute rien ; ms., *te rien*.

1124 — « bien » manque au ms.

1134 — m'enulliés. Le ms. porte « metuilliés ». Le vers étant faux, il faut sans doute lire *me travailliés*.

1143 — votre, lisez *vostre*.

1145 — « onc » manque au ms.

1147 — « La Karitet », « *La Charité* », petite ville de la Nièvre.

1151 — * cuites ; ms., *toute cuite*.

1172 — Pues, lisez *Priès*.

1176 — dreche, lisez *drecha*.

1181 — * s'ame ; ms., *s'amie*.

1188 — Vers faux.

1196 — * Cierte ; ms., *Ciertes*.

1197 — * deveastes; ms., *devastes.*
1208 — * desille; ms., *desisse.*
1213 — * frankise; ms., *frankisse.*
1229 — malveis, lisez *malvais.*
1236 — povoit, lisez *pooit.*
1239 — * veue; ms., *veu.*
1240 — * le met; ms., *me ment.*
1248 — * escuiers; ms., *chevaliers.*
1251 — « onc » manque au ms.
1252 — « Ne » manque au ms.
1260 — « mout » manque au ms.
1268 — * Comme; ms., *Que.*
1272 — felonie, lisez *felonnie.*
1273 — lais, lisez *lait.*
1276 — « son » manque au ms.
1283 — « ot » manque au ms.
1292 — * avoecque; ms., *avoec.*
1304 — * Arrivés estes; ms., *Averiés estes.*
1329 et 1331 — deffenge, lisez *desfenge.*
1334 — Supprimez « je ».
1335 — * qu'il; ms., *qui.*
1344 — * Foi que doi; ms., *Foi que je doi.*
1346 — la, lisez *sa.*
1348 — * tousjours; ms., *tousjour.*
1352 — * veera; ms., *vera.*
1363 — * Ore; ms., *Or.*

XXXV. — DE GUILLAUME AU FAUCON, p. 92.

Publié par Méon, IV, 407-427, et donné en extrait assez long par Legrand d'Aussy, III, 307-315.

Vers 30 — « cest » est appliqué à « feme ».

51 — mise, lisez *a mise*.

62 — Faut-il voir dans cet éloge des femmes de la Castille une flatterie à l'adresse de Blanche de Castille?

117 — Ce vers faux peut être ainsi corrigé : *Et i ot mise et tot son sens*.

149 — Placez une virgule après « Bien sai ».

184 — * toz ; ms., *tolz*.

213 — aimoit, lisez *amoit*.

240 — * loerai je ; ms., *loerage*.

246 — Corrigez le vers : *Seürs doit bien estre...*

268 — Après ce vers, le ms. en ajoute un nouveau qui fait double emploi :

> Fors vos d'itant me puis vanter.

292 — * Beax ; ms., *Bax*.

326 — Ne faut-il pas lire *cele eure* ?

333 — en pensé, lisez *enpensé*.

361 et 371 — Ne faut-il pas lire *cele avisions* ?

405 — « en » manque au ms.

408 — ajue, lisez *aïue*.

462 — « vos » manque au ms.

468 — D'ont, lisez *Dont*.

509 — « Ne » manque au ms.

599 — * Cui ; ms., *Qui*.

618 — les, lisez *lor*.

635 — « je » manque au ms.

Ce fabliau n'a aucun rapport avec le conte de La Fontaine qui pòrte le nom du « Faucon ». (Voir Caylus, *Mém. de l'Acad. des Inscript.*, XX, p. 366 et suiv.)

XXXVI. — Dou povre Mercier, p. 114.

Publié par Barbazan, I, 27 ; par Méon, III, 17-25, et traduit par Legrand d'Aussy, III, 93-98.

Vers 13 — Totes, lisez *Tote*. — * malveisse ; ms., *malveisses*.
14 — leur, lisez *lour*.
20 — besasse, lisez *beasse* au sens de *bagasse, servante*.
23 — * mon ; ms., *son*.
24 — a, lisez *ai*.
28 — * Et son avoinne ; ms., *S'avoinne*. Il faudrait corriger plutôt : *Ses avoinnes*.
32 — * close ; ms., *rose*.
77 — Seignor, lisez *Seignour*.
91 — * si ; ms., *su*.
108 — su, lisez *tu*.
109 — bien, corrigez *combien* ; le ms. porte : *por que bien donesses*.
133 — Vers faux.
139 — * pranderoit ; ms., *prandroit*.
141 — * leu ; ms., *lue*.
152 — * nus ; ms., *nuns*.
164 — Ne faut-il pas corriger *vo seignour* ?
182 — * Sires ; ms., *Sire*.
184 — « mout » manque au ms.
193 — Corrigez *de la memoire*.
210 — Mausfuès, lisez *mausfués*.
214 — Dist, lisez *Dit*.
218 — Dans ce vers faux on peut corriger « sera » en *ert*.
219 — * que ; ms., *qui*.
224 — * teignist ; ms., *teignest*.

235 — volés, lisez *volez*.
236 — * come; ms., *com*.
241 — * vosist; ms., *resist*.
247 — seürement, lisez *seüremant*.

Ce fabliau a été remis en vers par Imbert.

XXXVII. — Le Dit des Marcheans, p. 123.

[Il faut lire v° et non r° après 283.]

Publié par G. A. Crapelet, *Proverbes et Dictons populaires*, 1831, p. 159-165.

Vers 45 — Li uns, lisez *L'uns*.
127 — sui, lisez *siu*.
152 — pris, lisez *peris*.

XXXVIII. — Une Branche d'armes, p. 130.

Publié par Ach. Jubinal, *Jongleurs et Trouvères*, 1835, p. 73-74.

Vers 13 — poudre, lisez *foudre*.
14 — foudre, lisez *poudre*.

XXXIX. — Le Debat du c. et du c., p. 133.

Vers 14 — l'otroie, lisez *l'otroi*.
34 — tor, lisez *toz*.
43 — fandue, lisez *fendue*.
57 — * tenus; ms., *tenues*.
59 — exploita, lisez *esploita*.

XL. — Le Dit des c., p. 137.

Vers 13 — * pioliers; ms., proliers.
14 — orguilleux, lisez *orguilleus.*
27 — vieigne, lisez *viengne*.
28 — vigne, lisez *vingne*.
32 — * maistire; ms., *marstire*.
51 — * Por; ms., *Pon*.

XLI. — Des Vins d'ouan, p. 140.

Vers 12 — Notre, lisez *Nostre*.
42 — Le ms. n'a pas le mot *a*.
60 — vou, lisez *vous*.
78 — desconvenue, lisez *descouvenue*.
93 — gens, lisez *genz*.
94 — savent, lisez *sevent*.

XLII. — La Patre-Nostre farsie, p. 145.

Vers 1 — chascun, lisez *chascuns*.
46 — meffait, lisez *mesfait*.
58 — a cel, lisez *en cel*.

XLIII. — De l'Oustillement au villain, p. 148.

A. — Baris, Bibl. nat., Mss. fr. 837, fol. 119 v° à 121 r°.
B. —   »   »   »   1593, fol. 212 r° à 213 v°.

Publié d'après le ms. A, par Monmerqué, Paris, Silvestre, 1833, et dans la *Revue historique de l'ancienne langue française*, janvier 1877, p. 18-30.

Vers 2 — Moult par fet. B, *Si fet molt*.

3 — si. B, *bien.*
4 — Et de pain. B, *D'avoinne.*
9 — del. B, *au.*
10 — Li. B, *L'en.*
11-12 — Ces deux vers sont placés dans B avant le vers 9.
12 — souvent, lisez *sovent.*
13 — de plege. B, *d'aïde.*
15-18 — Ces vers manquent dans B.
16 — moins, lisez *mains.*
21-22 — Ces vers sont intervertis dans B.
22 — Or. B, *Lors.*
23 — Si. B, *Or.*
27 — Homme. B, *Li hons.*
28 — B, *S'il n'a estoremant.*
29 — Qu'il. B, *Il.*
31-32 — B :
    L'une à metre son frein
    Et l'autre son estrain.
35 — B, *Et le blef ou grenier.*
36 — el. B, *ou.*
39 — Si n'envoit. B, *Et ne voist.*
41 — Envoit. B, *S'envoist.*
42 — buire. B, *cruche.*
43 — boive. B, *boine.*
45-46 — B :
    Car li hons qui s'enyvre
    Est tost d'avoir delivre.
47 — les. B, *des.*
48 — B, *Des choleiz et des reves.*
51 — li, lisez *la.*
52 — à charrier. B, *et charretier.*
56 — Penel. B, *Banel.* — meneoire. B, *menjoire.*
58 — craisset. B, *grassot.*

59-60 — Ces deux vers manquent dans B.
62 — la. B, *sa.*
65 — ale, lisez *ele.*
75 — B, *Et besagu d'acier.*
80 — Ice n'est. B, *Nel tenez.*
82 — foisne. B, *soisne.*
83 — B, *La trugle pour peschier.*
84 — au col. B, *avec.*
85 — A metre. B, *Pour metre.*
87 — Puis. B, *Si.*
88 — sa. B, *la.*
89 — hiaumet. B, *harmet.*
90 — Macuele. B, *Et maçue.*
91 — et espée. B, *enfumée.*
92 — B, *Qu'il n'ait soing de meslée.*
93 — Au chevès soit. B, *Avec lui ait.*
95 — B, *Qu'il ne preigne estoutie.*
96 — d'esmovoir. B, *de feire.*
97 — home, lisez *homme.*
98 — soit. B, *ou.*
100 — oeuvre, lisez *oevre.*
101-102 — Ces deux vers manquent dans B.
103 — Si. B, *Puis.*
104 — la. B, *sa.*
106 — Acesmez. B, *Esmoluz.*
110 — sa. B, *la.*
111 — Mès. B, *Mès et.* — Ce vers ne vient dans B qu'après le vers 112 qui se lit ainsi :

  Quant il vient ost banie.

113-114 — Ces deux vers sont intervertis dans B.
114 — S'il ert. B, *Devant.*
116 — dus, lisez *des.* — B, *Se il venist derreins.*
117 — « ja » manque dans B.

118 — B, *Ce savez vous tuit bien.*
121 — S'il. B, *Se il.* — « sa » manque dans B.
126 — B, *Ainz se tiegne tout coi.*
127 — Et se. B, *Se.* — huches. B, *des huches.*
128 — cruches. B, *ruches.*
131 — B, *Le banc et le foier.*
132 — Et la table. B, *Et la trible.*
137 — Trepier. B, *Tonnel.*
139 — revient. B, *vient.*
144 — au buef. B, *as bues.*
145 — N'i. B, *Ne.*
146 — B, *Et voist touz jourz à pié.*
147 — « Par » manque dans B. — son. B, *sur le.*
148 — Ou *et* ou. B, *Et* et *et.*
151-152 — Ces deux vers manquent dans B.
153 — traie. B, *tourne.*
155 — B, *A blez covrir en terre.*
159 — Se. B, *Si.*
162 — B, *La jarce pour seignier.*
165-166 — Ces deux vers sont intervertis dans B.
166 — trenchanz. B, *taillans.*
167 — B, *Et solers à noiaux.*
169 — B, *Cotel et couteliere.*
170-171 — Ces deux vers manquent dans B.
172 — B, *Corroie et aumosniere.*
177 — Por. B, *A.*
180 — trible. B, *crible.*
182 — pestrir. B, *pretir.*
184 — forchons. B, *furgons.*
187-188 et 191-192 — Ces quatre vers manquent dans B.
193 — B, *Toaille à blé senier.*
195 — lui bien. B, *soi à.*
200 — Nel. B, *Non.*

202 — rastel. B, *rasel.* — Après ce vers, B ajoute :

> La fourche et le flael
> Et rabot et rastel ;
> Si li covient balai,
> Pourquoi le celerai ?

203 — B, *Le picois et la pele.*
206 — B, *De son voisin prier.*
209 — Quar. B, *Que.*
215 — B, *Hors ne les gitez mie.*
216 — Après ce vers, B ajoute :

> Mès face relier
> Et la frete alier,
> Car tout mestier aura
> Quant mesniée croistra.

218 — naisse. B, *veigne.*
222 — auget. B, *baquet.*
223-224 — Ces deux vers manquent dans B.
225 — baisselete. B, *mechinette.*
226 — minete. B, *tinete.*
228 — Quar ce. B, *Ce en.* — Après ce vers, B ajoute :

> Sachiez qu'il li estuet
> Se il feire le puet.

229 et 232 — Ces deux vers manquent dans B.
230 — B, *Il covient que il ait.*
231 — B, *Une vache à lait* (vers faux).
234 — Quant il en a. B, *Se il en est.*
236 — Toute nuit. B, *Volentiers.*
238 — s'iroient. B, *en iroit.*
239-240 — Ces deux vers manquent dans B.
241 — l'ouvraingne. B, *l'on maigne.*
242 — pas gaaingne. B, *mie gaingne.*
245 — se. B, *s'en.*
246 — lor. B, *le.* — Après ce vers, B ajoute :

> N'est pas de grant savoir,
> Ce sachiés vous de voir.

247 — Homme. B, *Li hons.*

249-252 — Ces quatre vers sont remplacés dans B :

> Car se il n'a chastel,
> Tant a il moins troussel.

254 — li brist B, *despient.*

255 — nult, lisez *nul.*

XLIV. — Du Vallet qui d'aise a malaise se met, p. 157.

Publié par M. W. Fœrster dans le *Jahrbuch für rom. und engl. Literatur, neue Folge,* I, 295-304.

Vers 3 — « gaaigné » n'a que deux syllabes, ici comme plus loin.

4 — « Et » manque au ms.

6 — ou, lisez *u.*

12 — * pert il trestout; ms., *per il tout.*

14 — * ke il; ms., *kil.*

15 — D'ont, lisez *Dont,* ici comme plus bas.

18 — * s'il; ms., *se il.*

22 — * devenroit; ms., *deveroit.*

30 et 135 — delès, lisez *delés.*

33 — * Laissiés me; ms., *Laissieme.*

37 — * quide; ms., *qui.*

43 — * Anchois; ms., *Ains.*

46 — * honneur; ms., *honner.*

47 — * prendrai; ms., *prenderai.*

58 — « bien » manque au ms.

60 — cet, lisez *cest.*

61 — ou, lisez *u.*

66 — « vo » manque au ms.

71 — vuaigneres, lisez *waingneres*.
81 — lès, lisez *lés*.
82 — * nus; ms., *nul*.
83 — * el; ms., *ele*.
85 — * che est; ms., *ch'est*.
87 — est si, lisez *si est*. — * vuaaignieres; ms., *waignieres*.
95 — * courechie; ms., *courchie*.
100 — Vers faux.
106 — * femme; ms., *femmes*.
107 — * prendera; ms., *prendra*.
108 et 141 — * jel; ms., *je le*.
110 — * je; ms., *ce*.
113 — ou, lisez *u*.
116 — * souvigne; ms., *couviegne*.
118 — * otroiroie; ms., *otroierai*.
119 — * nous li donrons; ms., *li donrons nous*.
121 — * puisomes; ms., *puisons*.
131 — « Et » manque au ms.
133 — * Que; ms., *Qu'ele*.
142 — Il faut corriger ce vers en supprimant « le ».
149 — ceste, lisez *cele*.
168 — i est saige, lisez *s'est bien sage*. — uiseuse, lisez *viseuse*.
173 — * qu'ara; ms., *qui ara*.
174 — * com; ms., *comme*.
177 — * auroie; ms., *averoie*.
187 — si, lisez *je*.
190 et 272 — demourra; ms., *demoura*.
191 — * li venist; ms., *le venist or*.
192 — * durfeüt; ms., *dur fut*.
201 — * cui; ms., *qui*.
202 — * tous les sains; ms., *.c. sains*.
216 — *mis je d'argent deseur; ms., *misse d'argent seur*.

219 — « mout » manque au ms.
220 — * vaut; ms., *vant*.
225 — « Et » manque au ms.
228 — Ce vers a deux syllabes de trop.
229 — * Et; ms., *A*. — * je ai; ms., *j'ai*.
231 — « pas » manque au ms. Ne vaudrait-il pas mieux corriger : *Enne, ne sont ce* .XXXVI.?
232 — * deseur; ms., *seur*.
234 — * diemence; ms., *dimence*.
238 et 242 — * j'acatai; ms., *j'aicatai*.
241 — vuans, lisez *wans*.
244 — Coment, lisez *Comment*.
252 — * conte; ms., *content*.
259 — ceste, lisez *cele*.
262 — « bien » manque au ms.
264 — « vous » manque au ms.
275 — « mie » manque au ms.
280 et 299 — Ne faut-il pas lire « che roit » et « ce roit » ? Le sens reste douteux.
282 — * Et dons; ms., *Et li dons*.
292 — * devra; ms., *devera*.
293 — * preste; ms., *prestre*.
298 — * ke il; ms., *k'il*.
300 — * ont; ms., *on*.
313 — « il » manque au ms.
316 — * Les; ms., *Et les*.
317 — en cache, lisez *encache*.
323 — * courechie; ms., *courchie*.
324 — Vers faux.
333 — * que il; ms., *qu'il*.
338 — * emprunta; ms., *empruta*.
340 — * aura; ms., *avera*.
348 — * vuaignier; ms., *wuaignier*.
351 — Le chiffre qui indique au haut de la page la

numérotation des vers doit être, non pas 378, mais 380.
— Le vers 351, indiqué par des points, ne manque pas au ms., et doit être établi ainsi :

> Et l'iauwe du baing aporter.

354 — « uns » manque au ms.
361 — * j'issi; ms., *je issi.*
365 — * Vous me les; ms., *Vous les me.*
366 — * alouiés; ms., *aluiés.*
374 — « et » manque au ms.
377 — La dernière syllabe de ce vers manque.
378 — * comme; ms., *com.*
381 — Il faut lire en haut de la page 382, et non 380.
389 — * rembatroit; ms., *rembateroit.*

XLV. — De Martin Hapart, p. 171.

Publié par Ach. Jubinal, *Nouveau recueil de contes, dits, fabliaux...*, 1839, II, 202.

Vers 3 — Mammon e, lisez *Mammone.* — * d'iniquités; ms., *de iniquités.* — Placez une virgule après ce mot.

4 — Supprimez la virgule avant et après « amis ».
23 — * Il n'est; ms., *El n'est.*
24 — Après ce vers, on lit dans le ms. les trois suivants, qui ne rentrent pas dans le rhythme des strophes :

> Douce gent, c'est bien verité,
> Qui au Mont Saint Michiel ira,
> S'il muert en l'an, miex l'en sera.

26 — * meignant; ms., *meiguant.*
27 — * Que; ms., *Qui.*
28 — « E » manque au ms.
51 — * qu'i alast; ms., *qu'il i alast.*

89 — Ce vers, dans le ms., n'assonne pas en *ié* : Par mon chief, » dist il, « ge irai.

90 — * A povres ; ms., *Mès à povres.*

96 — * Cele ; ms., *Sele.*

100 — * ne sut ; ms., *li siut.*

106 — * que mort entrast ; ms., *qu'entrast la mo[rt].*

129-131 — Les premières lettres de ces vers ont dû être restituées, ainsi que pour les vers 145-149 et 159.

152 — Il faut absolument corriger *en meson fait* pour la rime.

XLVI. — DE DEUX ANGLOYS ET DE L'ANEL, p. 178.

Publié par A. C. M. Robert, *Fabliaux inédits*, 1834, p. 11-14 ; et donné en extrait par Legrand d'Aussy, II, 347-348.

Vers 26 — Toute cette pièce repose sur un jeu de mots. L'un des Anglais demande de l'*agneau* (*aniel*), et son compagnon lui apporte un *ânon* (*asnel*). La confusion est imputée à la mauvaise prononciation des Anglais, qui ne manquent pas du reste de confondre les conjugaisons françaises (*querer, mirer,* pour *querir, merir,* v. 29 et 30), et ne connaissent guère le genre des substantifs qu'ils emploient.

48 — * Que as-tu ; ms., *Qu'as tu.*

59 — qu'il, lisez *que il.*

72 — engrande, lisez *en grande.*

78 — « i » manque dans le ms.

102 — * Corte l'eschine et cort le dos ; ms., *Corte eschine et corte dos.*

XLVII. — Du Chevalier a la corbeille, p. 183.

Publié par M. Fr. Michel, à la suite de *Gautier d'Aupais*, Paris, 1835, p. 35-44.

[Nous avons essayé, pour ce fabliau et le suivant, de rendre aux vers leurs huit syllabes réglementaires; mais les corrections à faire à ces vers anglo-normands sont si nombreuses qu'on peut se demander s'il n'eût pas été préférable de laisser les vers tels quels.]

Vers 2 — * Del; ms., *De le*— * à; ms., *e*.
4 — vous, lisez *vus*.
8 et 147 — * grande; ms., *grant*.
9 — * ne se; ms., *il ne se*.
14 — * Meson; ms., *Mesone*. — * ne ount; ms., *n'ount*.
16 — * qe autre; ms., *qu'autre*.
17 — * seigneur; ms., *chevaler*.
21 — « E » manque dans le ms.
22 — * q'el; ms., *qe ele*.
25 — aüst, lisez *aust*.
26 — peüst, lisez *pust*.
34 — * N'uncor; ms., *Uncore ne*.
37 — * talvace; ms., *talevace*.
38 — * Si; ms., *Et si*.
39 — * q'el; ms., *qe ele*.
40 — « le » manque au ms.
42 — « tus » manque au ms.
43 — « bien » manque au ms.
47 — * s'avoit; ms., *se avoit*.
49 — « forment » manque au ms.
50 — * veïr; ms., *vere*.

52 — * pas; ms., *mie*.
53 — * Son; ms., *Eynz son*.
54 — * al; ms., *à le*.
57 — * D'un; ms., *De un*.
58 — « il » manque au ms.
59 — * Les; ms., *Et les*.
62 — * le y; ms., *ly*.
64 — * el l'avoit; ms., *ele le avoit*.
72 — * Q'el; ms., *Qe ele*.
74 — * s'el eüst; ms., *si ele ust*.
77 — * ses; ms., *ces*.
78 — * el; ms., *en le*.
80 — « Qe » manque au ms.
82 — * medicine; ms., *la medicine*.
86 — « par » manque au ms.
96 — « trés » manque au ms.
97 — * el; ms., *ele*.
99 — * peüsse; ms., *pusse*.
100 — * en eüsse; ms., *usse*.
101 — Ce vers nous paraît incompréhensible.
105 — * peüst; ms., *pust*.
107 — et, lisez *e*.
108 — * Q'uncore; ms., *Qe uncore*.
110 — « or » manque au ms.
112 — * estoyez; ms., *vous estoyez*.
115 — « mès » manque au ms.
120 — « dount » manque au ms.
121 — Atant, lisez *Ataunt*.
122 — * De l'oriller; ms., *De le oriller*.
123 — * Fust la veeille molt; ms., *Molt fust la veeille*.
124 — * n'avoit; ms., *n'out*.
134 — « bien » manque au ms.
136 — * Pensa qe; ms., *E pensa qe ce*.
138 — * Priveement; ms., *Privément*.

141 — * Qi estoit; ms., Q'estoit.
143 — * cochee; ms., cochié.
144 — * à celee; ms., tot à celee.
148 — * Greaunta; ms., Graunta.
154 — * s'ert; ms., se s'ert.
156 — * s'oblia; ms., se oblia.
157 — « E » manque dans le ms.
160 — « tost » manque dans le ms.
165 — * denz; ms., dedenz.
166 — * sakee; ms., saké.
167 — * le ount; ms., l'ount.
173 — * l'aviegnement; ms., le aviegnement.
175 — * le entendoit; ms., l'entendoit.
176 — * guerredoun; ms., guerdoun.
184 — * out; ms., avoit.
186 — * Un; ms., Un soul.
188 — * Et que soul; ms., Le covertour que.
189 — * Le; ms., Comme le.
190 — * E le covertour fist; ms., Le covertour començà.
191 — * Lors la maveise; ms., La maveise veille.
193 — * l'oie; ms., le oie.
194 — « me » manque dans le ms.
199 — * Ne fist; ms., Qe il ne fist.
200 — * Sout; ms., Bien sout.
205 — * d'une; ms., de une.
206 — * d'art; ms., de art.
208 — * q'unqe; ms., qe unqe.
209 — * N'ala; ms., Ne ala.
210 — * maveise; ms., veille.
212 — * d'aler; ms., de aler.
221 — * del; ms., de le.
222 — * li esqier; ms., l'esqier.
227 — * n'ala ele à tiel; ms., la veille ne alla à tiele.

229 — * tel peyne e en tel; ms., *tele peyne e.*
230 et 231 — * L'ont; ms., *La ont.*
232 — * l'eye; ms., *la eye.*
234 — « trop » manque au ms.
238 — * el; ms., *ele.*
240 — * hordely; ms., *hordly.*
244 — * com; ms., *come.*
249 — * q'errerent; ms., *que errerent.*
250 — * eürent; ms., *urent.*
251 — * l'oevre; ms., *le oevre.*
253 — * Le; ms., *Ensi le.*
254 — * Unq; ms., *Unqe.* — * n'avint; ms., *ne avint.*
255 — * Q'el; ms., *Qe ele.*
257 — * aler; ms., *issyr.*
258 — * n'oy; ms., *ne oy.*
260 — * q'ele; ms., *qe ele.*
262 — « à » manque au ms.
263 — « nulle » manque au ms.

XLVIII. — Le Dit de la Gageure, p. 193.

Publié par Sir Francis Palgrave, Londres, 1818, in-4°, et par M. Fr. Michel, Paris, Silvestre, 1850, in-8°.

Vers 3 — * De l'esquier e la; ms., *De un esquier e une.*
4 — * ytiel; ms., *ytiele.*
7 — * Ele; ms., *Mès ele.*
11 — « bon » manque au ms.
12 — « tout » manque au ms.
16 — la ama, lisez *l'ama.* — Il faut corriger autrement ce vers.
17 — « Mès » manque au ms.

18 — * L'esquier; ms., Que l'esquier.
19 — « tost » manque au ms.
20 — * Que; ms., Coment.
23 — « douce » manque au ms.
24 — « toudis » manque au ms.
25 — « fille » manque au ms.
27 — « bien » manque au ms.
29 — * S'il; ms., Se il.
31 — * Vo; ms., Vostre.
34 — * fera; ms., fra.
35 — * verté; ms., verité.
37 — * n'a; ms., ne s'est.
39 — « ele » manque au ms.
41 — Que ne; ms., Que ele ne.
42 — * Que il; ms., Qu'il.
43 — * s'il; ms., si il.
45 — ensi privéement; ms., si privément.
46 — Ne soit; ms., Qu'il ne soit.
48 — « Molt » manque au ms.
49 — « i » manque au ms.
50 et 62 — * el; ms., ele.
51 — * icel grant; ms., cel.
53 — * ilec; ms., ileque.
54 — « bien » manque au ms.
55 et 75 — Li esquier; ms., L'esquier.
60 — * meisme; ms., meismes.
63 — « pur voir » manque au ms.
64 — « de » manque au ms.
66 — * fereit; ms., freit.
67 — * fera il; ms., frez.
69 — « il » manque au ms.
76 — * l'affere ne voelt; ms., son affere ne voldra.
77 — « un » manque au ms.
79 — * et long; ms., long.

80 — * l'a; ms., *ly a.*
81 — * Ensi à ly; ms., *Si l'a ensi à li.*
82 — * Ne; ms., *Qu'ele ne.*
84 — * li; ms., *à li.*
86 — * Gwenchez, gwenchez; ms., *Gwenchez, tres-tresse.*
87 — * Trestresse; ms., *Gwenchez.*
89 — * dist; ms., *ly dist.*
93 — * seint; ms., *par seint.*
95 — * Dame; ms., *Or, dame.*
97 — * Vus; ms., *E dame, vus.*
98 — * de mon; ms., *qe sunt de mon.*
99 — « molt » manque au ms.
100 — * vostres; ms., *vos.*
101 — « Et » manque au ms.
102 — * icele; ms., *cele.*
103 — « de » manque au ms.
104 — * Ama la dame; ms., *La dame ama.*
105 — « bien » manque au ms.
108 — * Ne est; ms., *N'est.*

XLIX. — La Veuve, p. 197.

A. — Turin, L. V., 32; fol. 167 r° à 170 v°.
B. — Paris, Bibl. nat., Mss. fr. 2168, fol. 91 v° à 94 v°.

Publié, d'après le ms. A, par M. Aug. Scheler, une première fois dans les *Annales de l'Académie d'archéologie de Belgique*, XXII, 477-502; et une seconde fois dans les *Trouvères belges du XIIe au XIVe siècle*, 1876, p. 225-241, avec le secours d'une copie de Mouchet de la Bibliothèque nationale (coll. Moreau, 1727, Mouchet, 52). Les variantes du ms. B. viennent donc s'ajouter au texte de M. Scheler et au nôtre. — Ce fabliau a été donné en extrait très-court par Legrand d'Aussy, III, 322-327.

Vers 2 — Ne devons. B, *Tout devés.*
3 — En un ost d'ont nus. B, *En l'ost dont neus hom.*
5 — sont en cel ost. B, *en cele ost sont.*
7 — * porte. A, *port.* — B, *Si les portent l'ierbe souvine.*
8 — pance sovine. B, *de grant ravine.*
9 — fame. B, *molliers.*
10 — * montent. A, *monte.*
15 — Dulce dame. B, *Bele dame.*
17 — B, *Ne place Diu que je tant voie.*
18 — Ke je repas par. B, *Ke je repair de.*
20 — Cui je avoi. B, *Cui j'avoie,* leçon qu'il faut adopter.
21-22 — B :

> Ensi vait acontant ses fables,
> Ki ne sont mie veritables.

23 — B, *Dont recommence son mestier.* — Le vers 23 devient alors dans B le vers 24.
27 — Ki convoite l'offrande. B, *Ki l'ofrende desire.*
29-30 — B :

> Quant il li a fait le pardon,
> Dont cante de molt grant randon.

31 — services. A, *service.*
33 — * toz en envers. A, *toz en evers.* B, *trestaus envers.*
35 — La dame cort. B, *Dont veut la dame.*
36 — veïst. B, *verroit.*
37 — B, *Et les puins ensamble encugnier.*
39 — desist. B, *diroit.*
40 — son sens. B, *le sens.*

340   NOTES ET VARIANTES

41-42 — Ces deux vers manquent dans B.
43 — B, *Ensi le resacent arriere.*
44. — Et si. B, *Li doi.*
45 — Et à son hostel. B, *Ki jusqu'à l'ostel.*
46 — entor li. B, *près de li.*
48 — B, *Por çou que li dex li refroide.*
50 — Là. B, *Dont.*
51-52 — Ces deux vers manquent dans B.
55 — Sire. B, *Por Diu.*
56 — nostre avoirs estoit. B, *estoit vos avoirs.*
57 — B, *Dix, com vo cose vos venoit.*
59 — vostre. B, *cele.*
61 — Sire! Ousi. B, *Car ausi.*
62 — Après ce vers, B ajoute :

> Agace, bien le m'avés dit!
> Hairons, con je vous ai maudit,
> Ki tant avés awan crié!
> Kien, con avés sovent ullé!
> Geline, bien le me cantastes!
> Anemis, con vous m'encantastes
> Ke ne conjurai mon ami
> Por Diu k'i revenist à mi;
> Se nus mors hon le pooit faire,
> Je li ferai son treu tel faire.

63 — Ahi! con j'ai. B, *Dix! con jou ai.*
64 — annonchiet. B, *nonciè.*
65 — B, *Songes et vilains et hontex.*
66 — B, *Sire, je songoie avant ier.*
70 — vos en. B, *en la.*
71-72 — Ces deux vers qu'on retrouve plus bas dans B sont ici remplacés :

> Puis resongoie après en oire :
> Vous aviés une cape noire.

72 — * que astiés. A, *que vos astiés.*

73 — * grande. A, grant. — B, *Et unes grans bates de plont.*

74 — le. B, *un.*

76 — On lit dans B, après ce vers, les huit vers suivants, dont les deux premiers sont les vers 71-72 de A.

> Cis songes est bien avertis ;
> Je songai vous estiés vestis
> D'une grant cote à caperon ;
> En vo main teniés un peron ;
> Si abatiés tout cel assié.
> Sire, quel treu m'avés laissié,
> Jamais n'ert par nul home plains ;
> Bien est drois que vous sovens plains.

77 — Et puis me vint. B, *Puis me revint.*

80 — gens. B, *blans.*

81-82 — B :

> Si m'avoloit ens en mon sain,
> Si refaisoit cel aisié sain.

83 — Mais. B, *Jou.*

84 — B, *A ceste daeraine fie.*

85 — commence. A, *recommence.* — runemens. B, *parlimens.*

86 — parlemens. B, *runemens.*

88 — vechiens. B, *nieces.*

89-94 — Ces vers manquent dans B.

93 — * Male. A, *Par male.*

95 — B, *En carité, ma bele dame.*

96 — Après ce vers, B ajoute :

> Ki ceste maison maintenra
> Et en cest avoir enterra.

98 — B, *Ki li verroit faire les cieres.*

100 — Certes. B, *Dames.*

102 — Me dira tez dis. B, *maintenra ces dis.*

104 — lembel. B, *musel*; cf. plus bas v. 131.
105 — B, *Or le lairoumes de la dame.*
107 — B, *Si rediroumes de celui.*
109 — fu meneis. B, *est remés.*
110 — on le fist. B, *le fait on.*
111 — Se ilh ne sout. B, *S'il ne set bien.*
112 — prent. B, *prist.*
113 — Sovent regratoit. B, *Il huce et crie.*
114 — B, *K'il avoit molt souëf nourie.*
115-116 — Ces vers sont remplacés dans B :

> Por Diu qu'il li viegnent aidier,
> Mais ce ne puet nus souhaidier.

117 — Et si huce. B, *Puis apele.*
118 — qu'il tant avoit. B, *k'il avoit molt.*
125 — B, *Ains est de l'andoille pendant.*
126 — B, *U les plusors vont atendant.*
128 — soi reblanchoie. B, *se retifete.*
129 — B, *Si fait gausnir son molekin.* Cette leçon donne un sens au vers du ms. A, qu'il faut corriger comme M. Scheler : *Et fait janir ses molekins.*
130 — redresse, lisez *redrece.* — B, *Et relieve son raviekin.*
131 — Le vers de A, que nous avions corrigé du tout au tout pour lui donner un sens, se lisait ainsi : *Et fait cos muscas à corez*; la leçon de B, *Si refait musiax à toretes*, nous indique qu'il fallait lire : *Et fait ces musias à torez.* Pour le sens de ce vers il faut se reporter au vers 104, où nous voyons figurer déjà le mot *musel*, qui semble être le nom d'une parure (peut-être d'une coiffure) de femme. Au vers 104 la femme maudit sa toilette de veuve; au vers 131, alors qu'elle se pare, elle se hâte de refaire sa parure (*ses museaux*) à toretes, c'est-à-dire *avec des tours* (peut-être *des frisures*).

132 — B, *Et recommence ses tifetes;* cf. le vers 128 où on lit, dans B, *retifete.*
133 — B, *Si vest les dras à remuiers.*
134 — uns ostoirs. B, *li faucons.*
135 — B, *Ki se vait à l'ane esbatant.*
137 — Mostrant son cors. B, *Et demoustrant.*
138 — les gens. B, *la gent.*
141 — Or. B, *Dont.*
142 — Dure ne aspre. B, *Aspre ne sure.*
143 — « est » manque dans B.
145 — rute. B, *roe.*
146 — B, *Aval le[s] ex li cuers li vole.* — Après ce vers, B ajoute :

    Ele n'a talent de corcier
    Ne de plaindre ne de groucier,
    Ains se fait molt et sage et simple ;
    Souvent remet avant se guimple,
    Por les joes cretes couvrir
    Ki s'asanlent à l'uel ouvrir.

147 — Il faut lire *manire* pour la rime, au lieu de *maniere;* B nous donne *matire.*
148 — se mire. B, *s'atire.*
149 — raconterai. B, *aconterai.*
150 — Après ce vers, B ajoute :

    Con faitement ele se mainne
    Le diemence et le semainne.

151 — lundi. B, *deluns.* — œvre. B, *oire,* qui est la bonne leçon, et doit être adopté.
152 — blonde. B, *blance.*
153 — K'ele ne. B, *Ke ne.*
154 — Por tant. B, *Por çou.* — Après ce vers, B ajoute :

    Ensi toute jor va et vient ;
    De mainte cose li souvient,
    Et, quant ele est la nuit coucie,
    Dont commence sa cevaucie.

155 — B, « or » manque. — liez. B, a*lius*.
156 — * Ele. A, E*t*. — plusor liez. B, *tant mains lius*.
158 — B, *Ja la nuis n'estra tant oscure*.
159 — en vuiere, lisez *en nuiere*, qui est la bonne leçon, au sens de « rêve ».
160 — Et. B, *Puis*.
161 — Je avenrai. B, *J'avenroie*.
162 — * valet. A, *valez*.
164 — S'or. B, *Se*.
165 — ne. B, *me*.
167-168 — Ces vers manquent dans B.
170 — li. B, *le*.
173-174 — La lacune de A est comblée ainsi par B :

> Car je n'ai mais qui me destrange ;
> Je ne creim privé ni estrange.

175 — blanc ne bis. B, *bis ne blant*.
176 — chenevaus. B, *cavestres*.
177-186 — Ces vers manquent dans B.
187 — Or. B, *Dont*.
190 — Or n'a ele. B, *Ele n'a or*.
191 — B, *Il ne li faut ne plus ne mains*.
193 — aquiert. B, *porquiert*.
196 — desouz. B, *dalés*.
197 — ses escalchire. B, *si ses caucire*.
198 — Et si. B, *Souvent*.
201 — pute. B, *male*.
202 — B, « *Je ne truis qui por aus me prenge*.
203 — A, qui. B, *Nus ne*.
204 — Dont. B, *Puis*.
205 — B, *Ses heurte et fiert et grate et mort*.
206 — B, « les » manque. — de. B, *de le*.
208 — Car. B, *Et*.

210 — Et. B, *Puis.*
211 — * Me les paia. A, *Le mes paia.* B, *Le vit passer.*
213 — B, *Ki encor l'en doivent .ii. tans.*
214 — B, *K'il li vaurent paiier partans.*
215 — * ains. A, *ain.*
217 — noueliere. B, *une parliere.*
218 — B, *Ki par ses dis soit nouveliere.*
219 — Lors. B, *Si.*
221 — Ke. B, *Jou.*
222 — mie trop. B, *fole ne.*
224 — me sui sovent. B, *sui maintes fois.*
225 — o. B, *à.*
226 — pas. B, *mie.*
229 — mere. B, *dame.*
230 — en mon cuer grant ire. B, *molt le cuer plain d'ire.*
233 — mon. B, *le.*
235 — m'iert. B, *ert.*
236 — Il. B, *Si.*
237 — B, *Et en caucier et en vestir.*
238 — B, *Si m'avoit faite ravestir.*
242 — ont en lor lit. B, *font u lit.*
243 — Car, cant mes sire. B, *Tantost com il.*
244 — * sainch. A, *sairch.* — ses cus en mon sainch. B, *li cus en l'escourt* (?).
245-246 — Ces vers sont intervertis dans B.
248 — ja nel vos quier. B, *nel vos quier à.*
249 — sires s'est. B, *sire ert molt.*
251 — Et j'astoie. B, *Et jou ere.*
252 — tenre mamelette. B, *crasse maisselete.*
254 — Ausi petis. B, *Autretele.*
256 — la moie. B, *ma dame.* — Après ce vers, B ajoute :

> Jou sui de sa mort trop dolente,

> Kar ele estoit près no parente,
> Foi que je doi Nostre Signor.
> Or vos dirai de mon segnor;
> Il savoit molt bien gaegnier,
> Et asamber et espargnier.

257 — hui. B, *mise.*
258 — et pailes. B, *caudieres.*
259-260 — Ces deux vers sont remplacés dans B :

> Et bons mantias et peliçons,
> Ki furent fait à esliçons.

261 — langues, lisez *langnes.*
262 — B, *Et s'ai encore de .II. laignes.*
265 — * al dire de maint. A, *al dit de tamaint.* — Ce vers, ainsi que le suivant, manque dans B.
267 — B, *Ains i a certes biax harnas.*
268 — benais. A, *benaus*, qu'il faut sans nul doute lire et corriger *henaus*, comme le prouve le vers de B : *Car j'ai encore .II. hanas.*
269 — Il faut corriger ainsi ce vers : *Li uns en fu fais al viés tor.* B, *Li uns en est fais à viés tor.*
270 — l'or. B, *leur.*
273 — ce ke. B, *quanques.*
275 — Et aussi faites vos. B, *Et si conniscíés bien.*
277 — vos riens. B, *noient.*
278 — * Onc n'i. A, *O ne ni.* B, *On en vout.*
281 — * Où. A, *Or.* — n'en a mie. B, *n'a gaires de.*
283 — Mais. B, *Et.*
284 — B, *On puet du fist veïr l'escorce.*
286 — B, *Ainsi est il de maintes gens.*
290 — B, *Si ai souvent eü mesage.*
291 — * plusors. A, *plusor.* B, *mellors.*
292-296 — B :

> Tex i a qui sont vo parent,
> Mais je n'ai cure de nomer :

> En apartenés vos Gaumer ?
> Mais por Gaumer ne di je mie,
> Or entendés, ma douce amie.

297 — L'atrier. B, *Anten.*

299 — * chercel. A, *chercler.* — B, *Si m'esgarda en .I. cercel.*

300 — Ke je. B, *K'encor.* — Après ce vers, B ajoute :

> S'avés noient en vo vinnage
> U il ait auques de linnage ;

Puis vient une série de vers qui dans A est placée après le vers 330.

301 — certes j'ai. B, *j'ai certes.*

302 — jovenciel. B, *valeton.*

303 — Dulce. B, *Bele.*

304 — B, *Se vos avés nul bel ami.*

306 — seroit mult. B, *ert en moi.*

308 — Car s'astoi. B, *Se je sui.*

311 — ne vos voelh tant. B, *n'ai cure de.*

312 — B, *N'onques ne m'en vol entremetre.*

313 — mult bien tot. B, *bien trestout.*

314 — torne. B, *vient.*

315 — * Vos. A, *Tos.*

316 — B, *Esgardés en cele caucie.*

317 — * Et en Essem. A, *Et Essem.* B, *Et en Ensaing.*

319-320 — Ces deux vers sont intervertis dans A.

322 — devoit venir. B, *venoit auques.* — Après ce vers, B ajoute :

> S'en parlissiés couvertement,
> J'ai ci esté molt longement.

326 — vos. B, *nos.*

327 — S'arons des. B, *S'averomes.*

328 — B, *Et de ce vin de Laenois,* qui est sans doute la bonne leçon.

329-330 — Ces deux vers manquent dans B. — Dans ce ms., les vers 331-344 sont déplacés, et viennent à la suite du vers 300.

331-332 — B :

> Cil me sanle de grant raison
> Ki maint d'autre part vo maison.

333 — regardée. B, *esgardée.*
334 — me. B, *m'en.*
335 — me tornai. B, *retornai.*
338 — m'a parleit. B, *parole.*
339-340 — Ces vers manquent dans B.
342 — Si. B, *Je.*
343-344 — B :

> Foi que je doi saint Lienart,
> Jou n'i averai ja viellart.

345 — * bescosse. A, *bescoelce.* — Ce vers, ainsi que le suivant, manque dans B.

347 — Les deux mss. recommencent à marcher de pair à partir de ce vers.

348 — Il. B, *Ki.* — chil, lisez *chi.*
349 — rendre. B, *faire.*
350 — B, *Puis le fiert de le main enverse.*
351 — Et à ce mot. B, *Lors s'en torne.*
352 — Et cele s'en va. B, *Cele s'entorne.*
354 — Or en orés par tens. B, *Huimais porrés oïr.*
356 — B, *Geulias tant l'argue et coite.*
357 — maus. B, *fus.*
358 — sachiet. B, *sacié.*
359 — Puis qu'ele. B, *Quant ele.*
360-361 — B :

> Il puet bien dire qu'il est las ;
> S'il assés ne set des aniaus.

362 — S'il n'est. B, *K'il soit.*
363-364 — B :

> Et qu'il sace bien cotouner,
> Et heldiier et crotouner.

365 — Il iert al matin. B, *Il est au vespre.*
367 — loche. B, *louce.*
368 — iert. B, *est.*
369 — Or. B, *Dont.*
370 — B, *Lors commencent li mal à naistre.*
371 — Et la noise. B, *Et li mal.*
372 — brehier. B, *bruhier.*
373 — B, *.I. durfëu, un rabehet.*
375-376 — B :

> Ki fui des bons vallès agrius,
> Et des courtois et des jentius.

377 — un. B, *cest.*
379 — B, *Ki en fisent là placement.*
380 — Car. B, *Quant.* — grant. B, *tel.*
383 — deduis. B, *delis.*
384 — Coute, lisez *Toute.* — jour. B, *nuit.*
385 — Et ne sui je bien. B, *Certes je sui molt.*
386 — ilh me sent delez. B. *je m'estent jouste.*
388 — A poi. B, *Por poi.*
390 — trés. B, *vo.*
392 — B, *Puis torniiés par devers* [mi].
396 — dulce l'alaine. B, *souëf alaine.* — Après ce vers, B ajoute :

> Sire, c'estoit tous tans vos dis ;
> Vostre ame soit en Paradis.

399-400 — Ces vers sont remplacés dans B par les suivants :

> Mais jou sai bien, par saint Eloi,
> K'il n'est mie de bone loi,

> Ains est decaus de Mont Wimer :
> Il n'a soing de dames amer.

401 — Et chil respont. B, *Dont respont cil.*

403 — aïre. B, *adoise.* — Ce vers et le suivant sont intervertis dans B.

404 — torbé, lisez *torble*. — B, *Tant par avés torble le vis.* — Après ce vers, B ajoute :

> Je ne vos puis tenir couvent,
> Goulias bée trop souvent.

405 — * mie. A, *mies*. Ce vers manque dans B, ainsi que le suivant. — Le ms. B place ici les vers 427-436, et ce n'est que plus loin que l'on retrouve ceux dont nous donnons les variantes ci-dessous.

407 — * dyables. A, *dyables le.* — Au lieu de ce vers et du suivant, on lit dans B :

> On ne puet pas faire tous tans
> K'on ne soit et las et estans.

409 — Se. B, *Li.* — biaz. B, *bons.*

410 — * mie. A, *mies.* — B, *Mais tous tans ne sont mie meures.*

411-412 — Ces vers manquent dans B.

413 — B, *Tant m'avés estrait et sucié.*

414 — jugié. B, *jucié.*

415-417 — B :

> Si que bien certes le verrés,
> On dist ja je sui esverrés,
> Ja ne larrai que tiel vous die.

418 — Trop. B, *Molt.*

419 — si. B, *tant.*

420 — vielhe. B, *veve.*

421 — il n'iert ja .I.. B, *ja n'iert .I. seul.*

423 — paiés. B, *bailliés.*

425 — B, « je » manque. — l'euvre. B, *cele oeuvre*.

426 — la crupe mure. B, *les rains remuevre*. — Après ce vers, le ms. B ajoute :

>Se jou nes ai par saint Ricier.
>Vous les comperrés ja molt cier. »
>La dame l'ot, molt li anoie,
>Quant ele entent à la monnoie
>Ke li bacelers li demande ;
>A .c. diables le commande.
>Ele aimme mix estre batue,
>U que il l'ocie et le tue,
>K'ele tel avoir li delivre
>Ne qu'il en ait ne marc ne livre.
>Lors le recommence à maudire
>Et à tencier et à laidire :
>« Ahi ! » fait ele, « despendus,
>Or est vos avoirs despendus... »

Le ms. B s'arrête ici, le feuillet qui suit manquant. — Les variantes que nous notons plus loin se trouvent placées plus haut dans B. Cf. la note du vers 405.

427 — B, « *Dont,* » *dist la dame,* « *fel cuivers.* » — Ce vers et les suivants font suite dans B au vers 405 de A.

428 — deuuistes. B, *deüsciés*.

429 — U rendus à. B, *Et entrer en*.

430 — B, *Malement m'avés obeïe*. — Après ce vers, B ajoute :

>Or puet on bien de fi savoir
>Ke je n'euc gaires de savoir.

434 — Focuin, B, *Foukelin*.

436 — d'Orliens jusqu'à. B, *dementres qu'à*.

437 — * emblez. A, *emblé*. — Ce vers manque dans B, et tous les vers qui suivent sont ajoutés :

>Sire, mal estes restorés ;
>Vous devés bien estre plourés,
>Car onques plus preudom ne fu.

>Vos sens et vos favors mar fu
>Vostre science et vo bontés.
>Molt estiés sages et dontés ;
>Onques par vous ne fui maudite,
>Ni adesée ne laidite,
>Et cis damoisiax me manace ;
>Il est bien drois que je me hace. »
>Dont li respont cil à haut ton :
>« Dame, vous avés un glouton
>Ki tous jors vauroit alaitier ;
>Il a fait Bauçant dehaitier ;
>Je l'ai awant souvent retrait
>Tout herçoiié et tout contrait.

Suit le vers 407 de A.

448 — * mie. A, mies.

469 — * Si. A, Et si. — * des. A, de.

Imbert a remis ce fabliau en vers. Cf. aussi La Fontaine, *Fables*, liv. VI, 21, et VII, 5.

L. — Le Chevalier, sa Dame et le Clerc, p. 215.

Publié par M. Paul Meyer dans la *Romania*, I, 69-87.

La plupart des corrections que nous avons à indiquer sont empruntées à M. P. Meyer ; mais, malgré tout, bien des vers de ce fabliau anglo-normand restent encore faux.

Vers 5 — « mult » manque au ms.

7 — * Seinte ; ms., *Seint*.

12 — * nului ; ms., *nul*.

15 — « de » manque au ms.

23 — « il » manque au ms.

24 — * Ilekes ; ms, *Ilek*.

28 — * muler ; ms., *mulier*, qui n'est pas la forme anglo-normande.

42 — Le ms. porte : *Mès le meins remist à la dammoisele*.

46 — « ne » manque devant « glotun ».
48 — « sien » manque au ms. — servse, lisez *service*.
49 — « Les » manque au ms.
53 — * Icil ; ms., *Cil*.
55 — « et » manque.
66 — * sage e umble ; ms., *sages e umbles*.
68 — * nés ; ms., *neif*.
69 — « Car » manque au ms.
73 — * irrai ; ms., *irrai jes*.
81 — « de » manque.
91 — Le ms. porte : *Cele ne li ama mès com autre gent*.
95 — « sien », manque au ms.
96 — * k'eust ; ms., *k'il eust*.
99 — * eschiver ; ms., *eschure*.
108 — « bien » manque au ms.
119 — * le ; ms., *li*.
124 — * martire ; ms., *matire*.
126 — * chaungat ; ms., *rechaungat*.
127 — * fine aunguisse ; ms., *fin aunguisse est*.
129 — « sa » manque les deux fois.
130 — * ne sot de cele ; ms., *ne savoit de cel*.
137 — « son » manque au ms.
145 — « la » manque.
149 — * la dame ; ms., *e la dame*.
163 — * fereit ; ms., *freit*.
164 — * respond ; ms., *respondi*.
167 — Le ms. ajoute *ele* avant « eust ».
170 — « E » manque.
176 — * ke ; ms., *k'ele*.
182 — * le ; ms., *si le*.
184 — * trestut ; ms., *tut*.
185 — « se » manque au ms.
188 — « li » manque au ms.

191 — Le ms. porte : *Respondi e dist que bien le freit.*
192 — « amer » manque au ms.
197 — * avant tenir; ms., *detenir.*
198 — covint à descovrir; ms., *covenist à descoverir.*
203, 219, 256 et 582 — * Unkes; ms., *Unc.*
204 — « home » manque au ms.
207 — * l'enuy; ms., *li enuy.*
209 — * or; ms., *ore.*
211 — * descovri, ms., *se descoveri.*
212 — * come; ms., *coment.*
216 — « li clerk » manque au ms.
218 — * Adonkes; ms., *Adonc.*
220 — « ne » manque au ms.
222 — * e duel; ms., *duel.*
248 — Le ms. porte : *E de la folie se chastiereit.*
253 — * Emprendrai; ms., *Prendrai.*
254 — * turt; ms., *tut.*
266 — * ou; ms., *là ou.*
290 — « jeo » manque au ms.
291 — Le ms. porte : *Est juges e seigneur Deu.*
292 — * ja; ms., *je.*
297 — « si » manque au ms.
301 — « ke » manque au ms.
306 — * Ne sui; ms., *Ja ne sui.*
309 — * or; ms., *ore.*
319 — * maindre; ms., *main.*
320 — « eschure » qu'il faut corriger en *eschiver*, comme au vers 99.
325 — * respondu a; ms., *respondera.*
328 — « e » manque au ms.
340 — * Que; ms., *Ou.*
341 — « la dame » manque au ms.
349 — avant; ms., *en avant.*
356 — * morist; ms., *morsist.*

370 — * vus; ms., jes vus.
390 — * vigorus li fereit; ms., vigrus li freit.
396 — * Merveillusement; ms., Merveillement.
397 — * feist; ms., feust.
401 et 437 — liu; ms., lui.
417 — « et » manque au ms.
420 — * trestut; ms., tut.
428 — « e » manque avant « bone ».
433 — * Respondi; ms., Respont.
442 — * veir; ms., veirs.
443 — * ferai; ms., frai.
476 — « Mès » manque au ms.
515 — « vus tut » manque au ms.
525 — * Or; ms., Ore.
526 — * clerjastre; ms., clerejastre.
534 — * me feiht; ms., mesfeiht.
537 — * levent; ms., leve.
548 et 556 — Les rimes de ces deux vers sont fautives; mais il faut remarquer que l'anglo-normand note ordinairement le son é par ee, ce qui pour l'œil semble rimer avec ée.
553 — * ferez; ms., freiet.
557 — Le ms. ajoute mult après « par ».
570 — * meuz; ms., le meuz.
579 — * unke; ms., k'unke.

L'idée de ce fabliau est à peu près la même que celle qui a inspiré le fabliau de « la Borgoise d'Orliens », publié dans notre premier volume, p. 117, et dont nous avons donné plus haut (p. 292) les variantes. M. P. Meyer rapproche le fabliau « Du Chevalier, de la Dame et du Clerc » du « Castiagilos » de Raimon Vidal.

LI. — Du Prestre et de la Dame, p. 235.

Publié par Méon, IV, 181-187, et donné en extrait par Legrand d'Aussy, IV, 299-300, sous le titre de : « De la Dame et du Curé ».

Vers 57 — * establer; ms., entabler.
109 — * sa; ms., ses.
111 — * en s'anfance; ms., es anfance.
122 — Ce vers manque dans le ms., et a sans doute été suppléé par Méon.
155 — « Et » manque au ms.

Ce conte se retrouve dans les *Nouveaux Contes à rire*, dans les *Contes du sieur d'Ouville*, etc., etc.

LII. — Le Roy d'Angleterre et le Jongleur d'Ély, p. 242.

Publié par Sir Francis Palgrave, Londres, 1818; par De la Rue, *Essais historiques sur les bardes, les jongleurs, etc.*, 1834, I, 285-298; et par M. Fr. Michel, à la suite de la *Riote du monde*, 1834, p. 28-43.

Le ms. met toujours *n* à la place de *u*.

Vers 126 — ils, lisez *il*.
165 — Nous, lisez *Nus*.
208 — * Daheit; ms., *Dasscheit*. — * vo; ms., *vostre*.
271 — Il, lisez *Yl*.
427 — * Fols, ms., *Fole*.

L'*Explicit* n'existe pas dans le ms.

LIII. — La Contregengle, p. 257.

Cette pièce n'est que la seconde partie du fabliau « Des .II. Bordeors ribauz », publié dans notre premier volume, p. 1-12. (Cf. plus haut les *Notes et variantes du premier volume*, p. 273, vers 177.)

Vers 13 — * toi et moi; ms., *moi et toi.*
25 — faire, lisez *fere.*
34 — Et, lisez *Or.*
49 — seule, lisez *nule.*
52 — des, lisez *de.*
58 — Dieu, lisez *Diex.*
73 — * d'eci, lisez *de ci.*
90 — « Miaus le Chastal », « *Meaux* » en Brie.
108 — fils, lisez *filz.*
120 — Il faudrait lire *verras*, mais l's finale manque de même au vers 113.
139 — * ait; ms., *art.*
147 — Quanque, lisez *Quanques.*
168 — repandre, lisez *repondre.*
176 — pas, lisez *por.*

LIV. — Des Estats du siecle, p. 264.

Nous devons la copie de ce fabliau à l'obligeance de M. Eug. Ritter.

Vers 30 — * Outre mer; ms., *Autre mer.*
36 — * s'atourne; ms., *s'acourde.*

53 — * L'en; ms., *L'un.*
57 — * avoec leur; ms., *et leur.*
67 — * Et il mist; ms., *Et mist.*
76 — * veoit; ms., *vesoit.*
86 — * Li Avocas; ms., *Le Avocat.*

TABLE DES FABLIAUX

CONTENUS DANS CE VOLUME.

	Pages.
AVERTISSEMENT.	v
FABLIAU XXX. C'hest de la Houce	1
— XXXI. Du Prestre et d'Alison (par Guillaume le Normand). . . .	8
— XXXII. Du Prestre qui fu mis ou lardier.	24
— XXXIII. Le Meunier d'Arleux (par Enguerrand d'Oisy)	31
— XXXIV. Du Prestre et du Chevalier (par Milon d'Amiens)	46
— XXXV. De Guillaume au faucon . .	92
— XXXVI. Dou povre Mercier	114
— XXXVII. Le Dit des Marcheans (par Phelippot)	123
— XXXVIII. Une Branche d'armes. . . .	130
— XXXIX. Le Debat du C... et du C... .	133
— XL. Le Dit des C...	137
— XLI. Des Vins d'ouan (par Guiot de Vaucresson).	140

	Pages.
Fabliau XLII. La Patre-Nostre farsie . . .	145
— XLIII. De l'Oustillement au Villain. .	148
— XLIV. Du Vallet qui d'aise à malaise se met	157
— XLV. De Martin Hapart	170
— XLVI. De deux Anglois et de l'Anel.	178
— XLVII. Du Chevalier à la corbeille. .	183
— XLVIII. Le Dit de la Gageure . . .	193
— XLIX. La Veuve (par Gautier le Long).	197
— L. Le Chevalier, sa Dame et le Clerc.	215
— LI. Du Prestre et de la Dame . .	235
— LII. Le Roi d'Angleterre et le Jongleur d'Ely.	242
— LIII. La Contregengle.	257
— LIV. Des Estats du Siecle. . . .	264
Notes et Variantes du premier volume. .	269
— — du second volume. .	309

www.ingramcontent.com/pod-product-compliance
Lightning Source LLC
Chambersburg PA
CBHW070847170426
43202CB00012B/1972